JESÚS

JESÚS

por Marco Antonio Gómez Pérez

Grupo Editorial Tomo, S.A. de C.V.
Nicolás San Juan 1043
03100 México, D.F.

1a. edición, febrero 2002.
2a. edición, junio 2003.
3a. edición, julio 2004.
4a. edición, marzo 2005.

©   Grupo Editorial Tomo, S.A. de C.V.
     Jesús

©   2005, Grupo Editorial Tomo, S.A. de C.V.
     Nicolás San Juan 1043, Col. Del Valle
     03100 México, D.F.
     Tels. 5575-6615, 5575-8701 y 5575-0186
     Fax. 5575-6695
     http://www.grupotomo.com.mx
     ISBN: 970-666-479-3
     Miembro de la Cámara Nacional
     de la Industria Editorial No 2961

Proyecto: Marco Antonio Gómez Pérez
Diseño de Portada: Emigdio Guevara
Formación Tipográfica: Servicios Editoriales Aguirre, S.C.
Supervisor de producción: Leonardo Figueroa

Impreso en México - *Printed in Mexico*

Contenido

Introducción 7

1. Jesús: la misión de Cristo 11

2. Jesús-Cristo-Jesucristo 13

3. La vida antes de la Navidad de Jesús 19

4. Navidad e infancia de Jesús 25

5. Adolescencia 39

6. Juventud 49

7. Iniciación de Jesús 53

8. Bautismo de Jesús 73

9. Cuarentena 79

10. En Galilea 89

11. Misión pública 109

12. Transformación de Jesús 133

13. Contra fariseos y saduceos 153

14. Últimos días antes del mortal final 163

15. Última cena y arresto de Jesús 171

16. Agonía, muerte y resurrección 185

17. Palabras de Jesús para reflexionar,
    cambiar y actuar 195

Introducción

La vida de Jesús el galileo, nazareno, judío, israelita, Maestro, Mesías, el Cristo, Hijo del Hombre e Hijo de Dios, está llena de historia y no precisamente de Dios sino de cómo es el mundo hace dos mil años y de cómo afecta el nacimiento, desarrollo, iniciación, prédica y muerte de este personaje que todavía causa polémica en muchos países del planeta.

Para el mundo cristiano, Jesús es el Cristo quien redime al mundo, primero con sus enseñanzas y sabiduría, después con sus prodigios y milagros y finalmente por la atroz muerte que es decretada por un jurado compuesto por sacerdotes judíos y ejecutado por los soldados de la Roma Imperial.

Toda la vida de Jesús tiene mucha relación entre sus palabras y obras, aunque desde luego también existen discrepancias, empezando porque los judíos no reconocen, abiertamente al menos, que tan siquiera haya existido en Israel algún personaje con ese nombre tan raro como el de Jesús; para ellos no existió y como consecuencia lógica, no puede ser el Mesías que, aún en nuestro tiempo, continúan esperando.

Por su parte, el mundo árabe sí tiene documentos que acreditan la existencia y personalidad de Jesús, desde luego no es un símil de Alá, pero sí un personaje sumamente extraordinario que fomenta el amor y la paz entre los seres humanos y entre éstos y su Padre, Dios.

Y el mundo occidental es el bloque de países que ha adoptado a Jesús y a sus enseñanzas abiertamente, primero dentro del catolicismo y después en la cantidad enorme de religiones que no están de acuerdo con las interpretaciones y dictados sobre Jesús provenientes de su sede en Roma, el Vaticano. De ahí que se sectaricen otras organizaciones cristianas empezando por el protestantismo y pasando por evangelistas, adventistas, mormones y un largo, largo etcétera.

Por esto, es conveniente retomar algunas fuentes para volver al camino, ya que lo importante de Jesús no es precisamente su vida, siempre en la misma línea de obedecer los mandatos de Dios, su Padre, incluso, por encima de sus padres y supuestos hermanos terrenales. En este trabajo no importa si el galileo es eso, un oriundo de Galilea, Nazaret o cualquier otro lugar de la Palestina de hace 20 siglos.

Tampoco es importante, más que para fines estadísticos, si Jesús nace el 25 de diciembre, 6 de enero, 2 de febre-

Tumba de la ciudad de Cachemira donde supuestamente se encuentran los restos mortales de Jesús.

ro o incluso el 21 de agosto. Y el año, para algunos fue en el año siete anterior a la época actual, otros que el cuatro y finalmente, el que predomina en la mayoría de creencias cristianas, el 25 de diciembre del año cero.

Otros afirman que Jesús es el primogénito de la pareja de María y José pero de ninguna manera el único y cuenta con cuatro o cinco hermanos más. En su vida adulta también se cree que contrae matrimonio, sin conocer a ciencia cierta quién es la esposa, aunque se especula que pueden ser María Betania, María Magdalena o la mujer que le lava los pies, unta perfumes y seca sus pies con el cabello, todo esto ha sido eliminado o censurado de la Biblia por quienes se encargaron de recopilar la información existente pero que estaba dispersa, sobre la vida de Jesús, según versiones de algunos de sus discípulos.

Sin embargo y a pesar de que son especulaciones que, de confirmarse, no cambiarán el concepto de ser Divino de Jesús, es más, lo enriquecerían como humano, como hombre tan completo como lo fue y un excelente conocedor de la naturaleza humana y esto no se logra si no se está casado, una acción de lo más frecuente en esa y muchas épocas posteriores.

Lo que sí es importante para este libro, es el seguir la vida de Jesús, sus palabras, acciones, soledad, conversaciones con los demás, con Dios, con él mismo y con este recorrido, cada lector llegará a sus propias conclusiones, tomando en cuenta que cada persona es una mente especial y cada mente es un mundo tan complejo y sencillo como cada quien lo hace.

Así pues, con la lectura de esta obra, intento que cada quien lea las palabras de Jesús y las asimile como crea que debe ser; de las acciones del Hijo de Dios, la historia ya ha hecho su juicio, falta el de cada uno de nosotros para creer o no en las enseñanzas de Jesús, con algo que el mismo Dios nos ha dado a casi todos los seres humanos: inteligencia.

1

Jesús: la misión de Cristo

*No he venido para abolir la Ley y a los Profetas,
sino para seguirlos.*

Mateo, V-17

*La Luz está en el mundo y el mundo ha sido hecho por ella;
pero el mundo no la ha conocido.*

Juan, I-10

*El advenimiento del Hijo del Hombre será como un relámpago
que sale del Oriente y va hacia el Occidente.*

Mateo, XXIV-27.

2

Jesús-Cristo-Jesucristo

Para casi todos quienes profesan alguna religión que tiene como base medular de sus creencias la figura de Jesucristo, estas dos palabras están firmes y totalmente ligadas y son inseparables, pero para el mundo esotérico esto no es así, existen diversos puntos de vista, no únicamente el oficial católico, sobre la vida de ese gran iniciado llamado Jesús.

Y es así como Jesús y Cristo no son la misma persona ni igual concepto, para esto es necesario distinguir de dónde provienen estos nombres que, unidos, han dado lugar al llamado Hijo de Dios hecho Hombre y que le da un cambio brusco al concepto religioso monoteísta, ya que, por principio, no es el dios reconocido como Mesías por los judíos, ni es Dios directamente, sino su hijo hecho hombre, dando nacimiento así, a varias de las religiones cristianas difundidas actualmente por el mundo.

Por esto, es preciso hacer una distinción entre estas dos palabras y qué significan dentro del mundo en general y, concretamente, en el esotérico, ya que así comprenderás por separado los conceptos Jesús y Cristo y en el texto sustancial de esta obra, la palabra compuesta.

Jesús

Para entender en toda su extensión la palabra Jesús, te pido que leas la definición que proporciona Masson Hervé, en su Diccionario Esotérico: "El personaje histórico de Jesús ha merecido diversas interpretaciones de las sectas gnósticas y esotéricas. A veces sólo le reconocen el valor de 'soporte físico' del Cristo, en otros casos, es un personaje extraordinario cuyo cuerpo no es de la misma sustancia que

La piedad, escultura de Miguel Ángel donde se representa la muerte de Jesús en brazos de su madre.

la de hombres ordinarios. Está hecho de materia sutil etérea y no puede sufrir, lo que confiere al sacrificio de la cruz
un carácter enteramente simbólico, aunque más bien, Jesús
no muere en la cruz. Otros lo entienden como un simple
mito solar, sin embargo, el propio Islam dedica al mito de
Jesús un sitio primordial. Es para ellos el 'sello del Amor',
así como Mahoma es el 'sello de los profetas' y junto a la
tumba del profeta, le está reservado un lugar".

Cristo

El Cristo del esoterismo difiere enteramente del de los dog-
mas religiosos. En la teodicea* esotérica, Cristo y Jesús no
son inseparables; más aún, no son de la misma persona.
El primero, emanación divina por excelencia, Eón, primer
nacido, preexiste al segundo. Es co-eterno con el Padre, en
tanto que su hijo, igual que el Hijo de la Trinidad cristiana,
constituye el prototipo celestial del hombre. Es el Hombre
Celeste aquel que sirve de mediador entre el cielo y la
tierra.

Su misión eterna consiste en "salvar" a las almas apri-
sionadas en la materia creada por un Demiurgo** rebelde e
ignorante. En el Templo, si se manifiesta y toma la forma
de Jesús, lo hace en forma voluntaria y transitoria, para llevar la Gnosis (conocimiento) a las almas postergadas.

Pero este descenso del Logos (Dios) no es simple. Está
jalonado de mil peripecias. El Salvador debe burlar a las
fuerzas hostiles que ocupan el espacio cósmico entre los

---

* Voz creada por Leibniz para designar la teología natural, la
cual comprende las pruebas de la existencia de Dios, la demostración de sus atributos y la investigación de sus relaciones con el alma humana y con la humanidad entera.
** En la filosofía de Platón, Demiurgo es Dios, creador y ordena-
dor del mundo y principio activo del mundo según los gnósti-
cos.

dominios divinos y la tierra. Recurre a todo tipo de triquiñuelas, *adopta la forma más penosa posible, por su pobreza y miseria*. De tal modo, los Arcontes (gobernantes) no descubren su venida.

Como Verbo de Dios, Cristo no es creador, sino Reparador, los Bogomiles y ciertas sectas balcánicas creían que Cristo y Samael eran hermanos gemelos. Samael era el mal Demiurgo que, por orgullo, había creado el mundo. Pero el Cristo, apiadado de las criaturas, les había entregado la Luz, reparando incansable las tropelías de su hermano.

En cuanto a la asimilación del Cristo con la figura histórica de Jesús, las opiniones están divididas. Algunos creen que el espíritu de Cristo tomó posesión del cuerpo de Jesús cuando el bautismo de este último en las aguas del Jordán, abandonándolo luego en la Cruz (antes de morir). Para otros, el Cristo eterno ha "penetrado" en el seno de María, encarnándose por sus propios medios en la forma fantástica de Jesús. Su cuerpo había sido fabricado con los elementos sutiles del hipercosmos. *Jesús comía y bebía, pero no evacuaba*. No sufrió en la Cruz, ni murió jamás; según Basílides, Simón de Cirene ocupó su lugar durante el suplicio. Los judíos burlados y enfurecidos no vieron allí más que fuego.

Algunas sectas estiman que el Cristo-Logos ha encarnado sucesivamente, según se dejaba sentir la necesidad, en Krishna, Buda Zoroastro, Jesús y Mani. Los místicos musulmanes esperan su regreso, que instaurará el reino del Amor, sancionando la salvación de los creyentes. Más allá de todas estas doctrinas y leyendas, es en tanto que principio axial, como Mediador entre el mundo celeste y el terreno, como Hombre celestial, en fin, que el rostro de Cristo asume su más formidable aspecto. Aparece, entonces, la Fuerza universal que sostiene el mundo y le impide precipitarse en el caos abismal. En este sentido, las tradiciones describen el corazón de Cristo como eje o "centro del Mundo".

Jesucristo

Según la fe cristiana, (es) la segunda persona de la Santísima Trinidad o Hijo de Dios hecho hombre. El nombre de Jesucristo resulta de la unión de Jesús, que significa Salvador, con Cristo, Ungido, nombre griego del Mesías, personaje prometido por los profetas del Antiguo Testamento y ardientemente esperado por los judíos. Según los evangelios, nace de María Virgen en Belén de Judá; aparece públicamente a los 30 años, como Hijo de Dios, que anuncia la buena nueva (es decir, evangeliza) de la llegada del reino

Cristo bendiciendo, Obra de Rafael.

de Dios y de la salvación de los que creen en él. Forma un grupo de discípulos que predican este mensaje y continúan su obra; muere en manos de los jefes religiosos de su pueblo y resucita al tercer día, como quien ha vencido la muerte y salvado a los hombres. Finalmente, a los cuarenta días, sube a los cielos, a la diestra de Dios.

La fe cristiana enseña que Jesucristo es el Mesías esperado, el Hijo de Dios en sentido propio y natural y que, por lo tanto, es verdadero Dios y verdadero Hombre, cuya muerte y resurrección ha traído la salvación al mundo. En los primeros siglos del cristianismo hay muchas discusiones sobre la verdadera naturaleza de Jesucristo, llamadas luchas cristológicas. Los Concilios de Efeso (431) y Calcedonia (451) definen que Jesucristo tiene dos naturalezas, divina y humana, en una sola persona, la del Verbo. La tradición ha distinguido en Cristo las funciones de mediador de la Nueva Alianza, sacerdote, víctima, redentor y salvador.

Con estas definiciones, ya estás listo para continuar leyendo sobre este personaje llamado Jesús, sin duda, uno de los más importantes y relevantes desde hace dos mil años, ya que en él se conjugan las dos partes en las que el pensamiento humano más se divide, el lado humano con todos sus defectos y virtudes y el lado divino, celestialmente perfecto.

3

La vida antes de la Navidad de Jesús

Juan el bautista

El trabajo que Jesús realiza durante su vida en la tierra, tiene su base en los anuncios de Juan el Bautista. Su padre es Zacarías y pertenece al clero judío, en tanto que Isabel, su madre, es miembro de la rama más próspera del mismo grupo familiar al que también pertenece María, la madre de Jesús y prima de Isabel. Este matrimonio de Zacarías e Isabel, tiene muchos años de casados y muy pocas esperanzas de concebir un hijo, pero es tal su devoción y fe en Dios, que les es permitida la concepción de Juan igual a la de Jesús. Les es anunciada por un ángel y saben antes de nacer, que será un elegido, al ser él quien divulgue, desde su adolescencia hasta el final de sus días, la llegada del Hijo de Dios y del Hombre.

María y José

José, el padre humano de Jesús, es hebreo pero con rasgos raciales no judíos que se han agregado a su árbol genealógico, principalmente a través de líneas femeninas de sus ascendientes. Es un hombre de modales suaves, extrema-

La iglesia de San José en Nazaret se construyó sobre el lugar donde se encontraba el taller del padre terrenal de Jesús.

damente minucioso y fiel en todos los aspectos a las prácticas religiosas de su pueblo, también posee el don de hablar poco y pensar mucho.

Algunos estudiosos aseguran que los antepasados de José se remontan a los tiempos de Abraham y a linajes más antiguos que llegan hasta los sumerios y los noditas a través de las tribus meridionales del antiguo hombre azul, hasta Andón y Fonta, aunque otras fuentes dicen que David y Salomón no son antecesores en línea directa de José, cuyo linaje tampoco se remonta directamente hasta Adán. Los ascendientes directos de José son artesanos constructores, carpinteros, albañiles y herreros, él mismo es carpintero y más tarde contratista.

Esta es la lista de la que la Biblia católica dice que desciende José a partir de Abraham, Isaac, Jacob, Judas, Farés, Esrón, Aram, Aminadab, Naasón, Salomón, Booz, Obed, Jesé, David (Rey), Salomón (Rey y Sabio), Roboam, Abías, Asá, Josafat, Joram, Ocías, Joatam, Acaz, Ezequías, Manasés, Amón, Josías, Jeconías, Salatiel, Zorobabel, Abiud, Eliacim, Azor, Sadoc, Aquim, Eliud, Eleazar, Matán, Jacob, José y Jesús. Mateo dice que fueron catorce las generaciones desde Abraham hasta David, catorce de David hasta la deportación a Babilonia, es decir entre Josías y Jeconías y catorce desde la deportación a Babilonia hasta Jesús.

La razón de esta creencia es que José parte para Belén, la ciudad de David, para registrarse en el censo romano, pero esto se debe al hecho de que, seis generaciones antes, el antepasado paterno de José de aquella generación, siendo huérfano, es adoptado por Sadoc, descendiente directo de David; por eso José también cuenta como perteneciente a la "Casa de David".

María, la madre terrestre de Jesús, desciende de una larga y extraordinaria estirpe de antepasados que comprende muchas mujeres entre las más notables de la historia humana. Aunque María es una mujer típica de su tiempo y generación, con un temperamento bastante normal, cuenta entre sus antecesores a mujeres tan ilustres como Annón, Támar, Rut, Betsabé, Ansie, Cloa, Eva, Enta y Ratta. Ninguna mujer judía de la época posee un linaje que tenga en común progenitores más ilustres o que se remonte a orígenes más prometedores.

Cuando joven, José es contratado por el padre de María para construir un anexo en su casa y ahí, María conoce a José y a partir de ese momento, empieza el cortejo amoroso de la pareja, destinada para ser los padres terrenales de Jesús.

José y María se casan en Nazaret, cuando él tiene veintiún años de edad. Poco después se trasladan a su nuevo hogar en la misma ciudad, construido por José con la ayuda de dos de sus hermanos. La casa está situada al pie de una elevación que domina de manera muy agradable la comarca circundante y que será donde Jesús pasará muchas horas de su vida infantil y adolescente, cada vez que busca refugio solitario para sus juegos y meditaciones.

El Arcángel Gabriel ha sido encargado de dar las buenas nuevas en varios nacimientos de grandes iniciados.

Anunciación a María

Cierto día, antes de que José regrese al hogar, el arcángel Gabriel se aparece a María y le dice: "Vengo por orden de mi Maestro, a quien tú amas y alimentas. Traigo gratas noticias al anunciarte que tu concepción está ordenada por el cielo y que cuando llegue el momento serás la madre de un hijo; lo llamarás Jesús y él inaugurará el reino de los cielos entre los hombres. No menciones esto a nadie mas que a José y a Isabel, tu prima, quien pronto dará a luz un hijo cuyo nombre será Juan. Él preparará el camino para el mensaje de liberación que tu hijo proclamará a los hombres con gran fuerza y profunda convicción. Mi bendición te acompaña y el Señor de toda la tierra te protegerá".

Durante varias semanas, María reflexiona en secreto sobre esta visita y sólo cuando está totalmente segura de que espera un hijo, se atreve por fin a revelar a su esposo estos acontecimientos inusitados. José escucha toda la his-

Este pozo representa el lugar donde María, madre de Jesús, recibió la noticia de su maternidad de labios del Arcángel Gabriel.

toria sin decir palabra y aunque confía plenamente en María, queda muy preocupado por ello. Tiene duda sobre la visita del arcángel Gabriel, ¿cómo es posible que un descendiente de seres humanos pueda ser un hijo con origen y destino divino?, y únicamente después de varios días de reflexión, tanto él como María concluyen entre regocijados y preocupados, que han sido elegidos como padres del Mesías salvador del mundo.

4

Navidad e infancia de Jesús

Hasta ahora, no es posible explicar plenamente las numerosas razones del por qué el hijo de Dios encarnado nace en Palestina, en especial por qué exactamente de la unión del matrimonio formado por María y José como marco inmediato para la aparición de este Hijo de Dios en la Tierra y por qué en ese tiempo y no antes o después.

Dentro del mundo esotérico de la tradición judía y cristiana la influencia del mundo espiritual que se da cuando nace cada ser humano, es más poderosa y visible en todos los hombres de genio, cuya aparición en el mundo terrenal no es explicada totalmente por la única ley de la semejanza física y esta similitud llega a su máxima intensidad cuando se trata de uno de esos profetas divinos predestinados a cambiar el mundo en el que viven y hasta muchos años después, como el caso de Jesús, precisamente.

El alma para llevar a cabo una misión encargada directamente por Dios, tiene que venir, ni más ni menos, de la misma divinidad, vive en libertad y consciente de su misión, mas necesita un recipiente, un cuerpo elegido para poder actuar en la vida terrestre, para esto es necesaria la presencia y esencia de una madre de calidad que mantenga su aptitud y actitud moral, firmeza de carácter, poco común hace dos mil años; el deseo de su alma y la pureza de vida que atraiga y encarne en su cuerpo y sangre el alma del redentor, destinado a llegar a ser, a los ojos de los humanos, un verdadero Hijo de Dios. Esto se capta en los Evangelios de Mateo y Lucas, quienes han expresado, en forma sencilla, la antigua idea de la Virgen-Madre.

Por otro lado, los estudiosos de la historia ubican la muerte de Herodes en el año 4 antes de nuestra era, misma que probablemente coincida con el nacimiento de Jesús, es decir, por ejemplo, que si estamos en el año 2001 en realidad deberíamos de contabilizarlo como el 2005; y otros incluso lo ubican en el año 7, es decir, hace 2008 años, pero como quiera que sea, en realidad a estas alturas de inicio del siglo XXI, cuatro o siete años ya no hacen diferencia y menos para efectos de este libro.

Existe cierta seguridad de que, efectivamente, Jesús nace en Nazareth, un pequeño pueblo de Galilea y no en Belén como se difunde después. Es importante comentar que, aparte de Jesús, existen otros dos nazarenos muy famosos y con nacimientos similares al de él. Ellos destacan, entre otras razones precisamente por no cortarse el cabello y jamás ingerir bebidas con contenido alcohólico: el primero es Sansón a quien un ángel le anuncia a su madre que dará a luz un hijo al cual nunca debe cortarle el cabello, por lo que el niño es consagrado a Dios y con un destino marcado desde antes de nacer: iniciar la liberación de Israel del yugo y sometimiento a que están sujetos por parte de los filisteos y aunque la historia ha sido deformada haciendo creer que en el cabello está la fuerza de Sansón, más bien radica en su distinción de ser nazareno y la fuerza espiritual que esto representa.

Y Samuel, que si aunamos a las historias de Juan y Jesús, tenemos cuatro historias similares, padres incapacitados orgánicamente para tener hijos, madres que son visitadas por ángeles o arcángeles que les anuncian que han sido elegidas para dar a luz niños extremadamente poderosos en lo espiritual y en lo físico y para no variar, nazarenos los cuatro.

Viaje a Belén

En el mes en que José y María se casan, César Augusto decreta que todos los habitantes del Imperio Romano tienen que participar en un censo de población para mejorar el sistema de recaudación de impuestos. Los judíos siempre han estado en contra de todo intento por considerar a la gente como un número; esto, sumado a las graves dificultades internas de Herodes, rey de Judea, ha contribuido a retrasar un año el empadronamiento en el territorio judío. En todo el Imperio Romano, este censo se lleva a cabo en el año 8 a.C. excepto en el reino de Herodes en Palestina, donde tiene lugar un año más tarde.

No es necesario que María acuda a Belén para empadronarse ya que José puede registrar a su familia, pero María, siguiendo una corazonada, ya que además es una persona intrépida y decidida, insiste en acompañar a su esposo. Teme quedarse sola por si el niño nace durante la

Dentro de la capilla de la anunciación, en la ciudad de Nazaret, se encuentra la estrella, el lugar donde supuestamente nació Jesús.

27

ausencia de José y como Belén no está lejos de Judá, María anticipa una agradable visita a su querida prima Isabel.

En ese tiempo, las posadas en Belén están atestadas y no hay una sola habitación desocupada, por lo que José busca alojamiento en casa de unos familiares, pero no tiene suerte. Al regresar al patio de una posada, le informan que los establos para las caravanas, situados abajo de la posada, han sido vaciados de sus animales y limpiados para recibir huéspedes, José no lo piensa dos veces y junto con María se instala en el improvisado lugar.

Nacimiento de Jesús

Esa noche, María está muy inquieta por lo que ninguno de los dos duerme bien. Al siguiente día, los dolores del parto aparecen y varias horas después, María da a luz un varón, quien es envuelto en ropas que María ha traído por precaución y es acostado en un pesebre cercano; Jesús de Nazaret ha nacido en y para el mundo. Al día siguiente del nacimiento, José acude a empadronarse y después de hacerlo, decide, junto con su esposa, permanecer cuando menos tres

El nacimiento de Jesús, obra de Gentile de Fabriano.

semanas más en Belén para poder cumplir la costumbre judía de que a los ocho días de nacido, todo varón debe ser circuncidado y en este caso, incluso aprovechan para llamar oficialmente a su hijo como Jesús.

Con objeto de que cuando Jesús crezca pueda ocupar el trono de todo Israel como sucesor de David, es fácil convencer a José para que permanezcan en Belén mucho más tiempo del planeado originalmente, por lo tanto, permanecen más de un año en esa ciudad, ya que José puede mantener a su familia trabajando y ejerciendo su oficio de carpintero.

Presentación en el templo

Moisés enseña en su ley que cada hijo primogénito pertenece al Señor, pero que en lugar de sacrificarlo, como era costumbre entre las naciones paganas, ese hijo puede vivir, siempre y cuando sus padres lo rediman mediante el pago de una cuota a cualquier sacerdote autorizado. También existe un mandato que ordena que después de pasar cierto tiempo, las madres tienen que presentarse en el templo para purificarse, por lo que, normalmente, llevan a cabo ambas ceremonias al mismo tiempo.

Por lo tanto, siendo María y José fieles seguidores de la ley de Moisés, suben al templo en Jerusalén y presentan a Jesús ante los sacerdotes, efectúan su redención y al mismo tiempo llevan a cabo el sacrificio apropiado para asegurar la purificación ceremonial de María de la supuesta impureza del alumbramiento, extraña creencia muy arraigada entre los judíos.

Herodes infanticida

Por su parte, Herodes no pasa inadvertido que tres sabios sacerdotes y probablemente reyes acuden hasta su jurisdicción para rendir culto y respeto a un humilde hijo de carpintero. Cuando es informado de la visita de los sacerdotes de Ur a Belén, Herodes ordena que sean presentados ante él. Los interroga cuidadosamente sobre el nacimiento del nuevo "rey de los judíos", pero recibe escasa información, le comentan que el niño ha nacido de una mujer que llagó a Belén con su marido para registrarse en el censo. Herodes no está satisfecho con la respuesta y los despide dándoles una bolsa con dinero, ordenándoles que encuentren al niño para que él también pueda ir a adorarlo, puesto que le han declarado que su reino es espiritual, y no temporal.

Como los sabios y reyes no regresan, Herodes sospecha una intriga en su contra. Espera impacientemente la llegada de sus espías quienes le dan un informe completo sobre los recientes incidentes acaecidos en el templo; le dan una copia de algunas partes de la canción de Simeón, que se cantan en las ceremonias de la redención de Jesús, pero nunca tienen la idea de seguir a María y José; Herodes se enoja muchísimo con ellos porque no pueden decirle a dónde se ha dirigido la pareja con el niño. Envía a indagadores para que localicen a la pareja. Al enterarse que Herodes persigue a la familia de Nazaret y sin saber la verdadera razón del por qué de ese acoso, Zacarías e Isabel permanecen lejos de Belén y el niño es ocultado en casa de unos parientes de José.

Desde luego, los más preocupados son los padres de Jesús, por eso José tiene temor de buscar trabajo y sus pocos ahorros están desapareciendo rápidamente, incluso, en el momento de la ceremonia de purificación en el templo, él es considerado lo bastante pobre como para limitar a dos palomas jóvenes la ofrenda de María, tal como Moisés ha ordenado para la purificación de las madres parturientas y pobres.

Transcurre más de un año de búsqueda y los espías de Herodes no han logrado localizar a Jesús, sospechan que el niño está todavía oculto en Belén, por lo que el rey lanza un decreto ordenando que se haga una búsqueda intensa en todas las casas de Belén y que maten a todos los niños varones de menos de dos años de edad. De esta cruel y absurda manera, Herodes pretende asegurarse de que el niño que está destinado a ser el "rey de los judíos" será destruido. Así, en un sólo día, perecen dieciséis niños varones en Belén de Judea.

Pero no todos están a favor de esa absurda orden de asesinato, porque entre los miembros de la corte de Herodes existen creyentes en el Mesías venidero y uno de ellos, al enterarse del mandato de matar a los niños de Belén, hace contacto con Zacarías, quien a su vez envía un mensaje a José. La noche antes de la masacre, María y José salen de Belén con el niño camino de Alejandría en Egipto y para

Vista recreada del palacio de Herodes; de este palacio sólo quedan algunas ruinas.

evitar atraer la atención, viajan solos con Jesús hasta Egipto con los fondos proporcionados por Zacarías. Allí, José trabaja en su oficio, mientras que María y Jesús se alojan con unos familiares. Viven en Alejandría dos años completos y regresan a Belén hasta después de la muerte de Herodes.

Infancia de Jesús

Debido a las penalidades y peligro de muerte para Jesús durante su estancia en Belén, María recupera su carácter alegre y jovial cuando llegan con bien a Alejandría, donde la familia puede llevar una vida normal, ya que José mantiene fácilmente a su familia porque consigue trabajo poco tiempo después de su llegada.

Durante los primeros años de la infancia de Jesús, su madre lo tiene constantemente vigilado para que no le ocurra nada que pueda amenazar su bienestar, pero la gran inquietud del niño por conocer el mundo y principalmente el que lo rodea, hace que tenga amistades aprendiendo y experimentando a adaptarse con otros pequeños de su edad. Esos dos años de estancia de Jesús en Alejandría, permiten que tenga buena salud y logra crecer normalmente. Finalmente, José y María se van de Alejandría y se dirigen directamente a Belén,

José expresa abiertamente su preferencia por Galilea, porque la considera más adecuada para criar y educar al niño, el padre de Jesús convence a María y a todos sus amigos de que es mejor para ellos regresar a Nazaret y así lo hacen.

Otra vez en Nazaret

La casa de Jesús no está lejos de la elevada colina situada en la parte norte de Nazaret, él y su familia viven en las afueras de la ciudad, lo que le facilitará posteriormente disfrutar frecuentes paseos por el campo y subir a la cumbre de esta montaña cercana, una de la más alta de todas las colinas del sur de Galilea. La casa está situada hacia el sureste del promontorio de esta colina y aproximadamente a mitad de camino entre la base de esta elevación y la carretera que conduce de Nazaret a Caná. Además de subir a la colina, el paseo favorito de Jesús es un estrecho sendero que rodea la base de la colina hasta el lugar donde se une con la carretera de Séforis.

Para que las almas tiernas, profundas y con una misión especial a desarrollar posteriormente se fortalezcan, necesitan en los primeros años de vida un ambiente silencioso y de paz, y Galilea es ese lugar calmo que permite a Jesús recibir sus primeras e importantes impresiones de calma dulce y austeridad, las casas bajo la roca tienen sembradíos que semejan una selva de granados, higueras y viñas, el cielo muy azul surcado por grandes parvadas de palomas no desentona con lo hermoso del paisaje, el ambiente es bañado de frescura y verdor por el aire puro y revitalizador llegado de las montañas y para darle el toque genial y hasta divino a este ambiente, nada mejor que pertenecer a una familia amorosa, piadosa y patriarcal, así es el ambiente infantil de Jesús.

Dentro de la tradición judía, el hogar paterno es una especie de templo y lo es más aún para los infantes, ya que la fuerza de la educación reside en la unidad de la ley, fe y una fuerte organización familiar, todo esto bajo una firme idea nacionalista y religiosa, a tal grado que los únicos adornos en las paredes de las casas judías son piezas de la ley que se extienden sobre puertas y ventanas, aunado a esto, la unión entre los padres y el amor hacia los hijos dan calor e iluminan las carencias del hogar, cuando las hay, con una rica vida espiritual.

El matrimonio llega a su hogar en Nazaret y por primera vez desde el nacimiento de Jesús, se instalan como familia para disfrutar de la vida. A los pocos días, José consigue trabajo como carpintero y Jesús ya tiene poco más de tres años, goza de excelente salud; está lleno de alegría y entusiasmo al tener una casa donde correr y disfrutar, sin embargo extraña la compañía de sus amigos de juego de Alejandría.

En este ambiente, Jesús recibe sus primeras lecciones y enseñanzas de parte de sus padres, aprende a conocer las Escrituras y desde sus años infantiles el largo y extraño destino se desarrolla ante sus ojos, en las que las fiestas son celebradas en familia con lectura, canto y oraciones, como la del Tabernáculo durante la cual se construye una cabaña en medio del patio o sobre una terraza adornada con ramas de mirto y olivo, para recordar el lejanísimo tiempo de los patriarcas errantes; también encienden el candelabro de siete velas, abren los papiros y pasan horas enteras leyendo historias sagradas.

Para el alma infantil de Jesús, Dios está presente en todo lo que ve y escucha del padre y en el amor casi silencioso de la madre, estos son los días en Israel que ven crecer al hijo de Dios, con gozo, aflicciones y esperanza eterna. A las preguntas incisivas y ardientes del pequeño, su padre José apenas puede contestar conforme pasa el tiempo y es María quien, con paciencia y ternura le dice: *La palabra de Dios sólo vive en sus profetas, en su día, los sabios, los solitarios del monte Carmelo y del Mar Muerto te responderán.*

El cuarto año de vida de Jesús es de desarrollo físico normal y de actividad mental poco común, incluso, tiene un muy buen amigo vecino, aproximadamente de su edad, llamado Jacobo. A medida que Jesús crece reparte su tiempo casi a partes iguales entre la escuela, ayudar a su madre en los quehaceres del hogar y observar a su padre en el trabajo del taller, escuchando al mismo tiempo las conversaciones y las noticias de los conductores y viajeros de las caravanas procedentes de todos los rincones de la tierra.

A esa edad, se desata una epidemia virulenta de trastornos intestinales, contagiada por los viajeros de las caravanas que se extiende por todo Nazaret, por lo que María marcha con su familia a la casa de campo de su hermano, a varios kilómetros de su casa, en donde permanecen durante más de dos meses, por lo que el pequeño Jesús disfruta mucho su primera experiencia en una granja al dar de comer y cuidar a la variedad de animales que hay en ese lugar.

Al cumplir el primer lustro de su vida, Jesús tiene una extensa conversación con su padre sobre la forma en que nacen los seres vivos en el mundo, esta es una de las partes más valiosas en la educación y vida de Jesús, ya que María y José responden a sus preguntas reflexivas y penetrantes. Desde esta edad y hasta los diez años, Jesús es una interrogante permanente.

El niño Jesús participa de todo corazón en todas estas experiencias naturales y normales del hogar, ya que en su mundo existen pocos hogares que puedan proporcionar a los infantes una educación intelectual, moral y religiosa mejor que la de los hogares judíos de Galilea, los cuales tienen un programa sistemático para criar y educar a sus hijos, además de la costumbre de que la madre se responsabiliza de la educación de los varones hasta que cumplen cinco años, entonces, el padre se encargará en adelante de la educación.

Pasa un año y Jesús empieza a manifestar un extraordinario interés por la historia de Israel, preguntando por el significado de los ritos del sábado, los sermones de la sinagoga y las fiestas conmemorativas periódicas, por lo que su padre le explica el significado de todas estas celebraciones.

Durante algunos años, José trabaja en Caná, Belén, Magdala, Naín, Séforis, Cafarnaum y Endor, así como para muchas construcciones en Nazaret y sus alrededores, por lo que Jesús se desplaza frecuentemente con su padre a estas ciudades y pueblos vecinos. Ya es un obsesivo observador que adquiere muchos conocimientos prácticos durante estos viajes.

Jesús en la escuela

Cuando Jesús tiene siete años, es la edad en que los niños judíos empiezan su educación formal en las escuelas de la sinagoga, por eso, en cuanto inician las clases también empieza su vida escolar en Nazaret. A tan temprana edad, el chico ya sabe leer, escribir y hablar con soltura arameo y griego, por lo que ahora es necesario aprender de la misma manera el hebreo. Durante tres años, hasta los diez, asiste a la escuela donde estudia las nociones del "Libro de la Ley", tal como está redactado, en lengua hebrea. También memoriza las enseñanzas más profundas de la ley sagrada, logrando graduarse a los trece años, por lo que los dirigentes de la sinagoga lo entregan a sus padres como un "hijo del mandamiento", por lo tanto, ya es considerado como ciudadano responsable de la comunidad de Israel, con derecho a asistir a la Pascua en Jerusalén en compañía de sus padres.

Aparte de su educación escolar, Jesús toma contacto con la naturaleza humana de todos los rincones del mundo, ya que por el taller de carpintería de su padre se cruzan hombres de diversos países y culturas. Cuando tiene más edad, le gusta mezclarse libremente con las caravanas que se detienen cerca de la fuente para descansar y comer. Como habla muy bien el griego, logra largas conversaciones con la mayoría de los viajeros y conductores de las caravanas.

Jesús recibe enseñanza moral y cultura espiritual, principalmente en su hogar y su verdadera educación, el equipamiento de mente y corazón para la prueba real de afrontar los difíciles problemas de la vida, la obtiene mezclándose con sus semejantes. Esta asociación estrecha con jóvenes y viejos, judíos y gentiles, fariseos y saduceos, le brinda la oportunidad de conocer a gran parte de la raza humana. En plena adolescencia, Jesús está altamente educado, en el sentido de que comprende a fondo a la humanidad y la ama con devoción.

El muchacho escucha muchas veces a su padre contar la historia de Elías, uno de los primeros de la larga lista de profetas hebreos que critica a Acab y desenmascara a los sacerdotes de Baal. Cuando no está en las alturas para contemplar el paisaje lejano, pasea por el campo y estudia la naturaleza en sus distintas manifestaciones, según las estaciones. La educación más precoz de Jesús, exceptuando la del hogar familiar, consiste en tener contacto respetuoso y comprensivo con la naturaleza.

El elegido posee de su padre gran parte de su dulzura excepcional y de su maravillosa comprensión benevolente de la naturaleza humana; ha heredado de su madre el don de notable educadora y su formidable capacidad de justa indignación. En sus reacciones emocionales durante su vida adulta, Jesús es unas veces como su padre, meditativo y piadoso, otras caracterizado por una tristeza aparente; pero continúa hacia adelante a la manera optimista y decidida del carácter de su madre. En conjunto, el temperamento de María tiende a dominar la carrera del Hijo divino a medida que crece y avanza a grandes pasos hacia su vida de adulto.

5
Adolescencia

Es sencillo imaginarse al joven Jesús jugando con sus amigos y compañeros quienes lo ven como un líder de su grupo por su gran inteligencia, sentido de igualdad y justicia. También recorriendo la sinagoga donde discuten fariseos y escribas y que Jesús no puede menos que sonreír y entristecerse al mismo tiempo por todo lo que escucha de ellos, incluso, de no aguantarse las ganas de platicar con estos supuestos doctos en la ley, quienes exprimen y manipulan las letras hasta dejarlas sin sentido alguno. Caminando y viendo la opulencia de Sephoris, capital de Galilea, tratando de adivinar qué hay dentro de la enorme y profusa mansión de Herodes Antipas, resguardada por mercenarios galos, tracios y bárbaros, contratados exclusivamente para impedir el paso a cualquier esclavo y plebeyo que intente traspasarla sin autorización.

En esos constantes paseos, la mayoría de las veces probablemente en soledad los hace para pensar en todo lo que mira y escucha, es probable que llegue a las grandes ciudades fenicias, llenas de personas a las orillas del mar tan cerca y distantes de ellas mismas y de quienes les rodean, ve con cierto encanto las columnas altas y redondas de los templos, que a su vez están rodeados de bosques que permiten el sonido provocado por instrumentos de viento que enmarcan los cantos dedicados a Astarté, diosa de la fecundidad y reproducción de los pueblos semíticos, la misma que la Artemisa griega y a la Istar de los asirios y babilonios.

Después, Jesús regresa a su casa y para tranquilizarse, sube a las montañas que tanto quiere para llegar hasta la cima y con la cabeza hacia arriba y los brazos extendidos a sus costados, sentir el aire y sentimiento de libertad que tanto ama y disfruta, desde lo alto contempla su mundo y admira los otros montes, antiguos testigos de la vida de patriarcas y profetas, que parecen que con el sonido del viento le murmuran que esperan a alguien muy especial y Jesús sabe quién es esa persona.

Dentro de ese mundo exterior que Jesús disfruta sobre manera, también destaca el interior, ahí donde toda la verdad sobre su futuro y del mundo está germinando y florece en el fondo de él, estos sentimientos se arremolinan cuando el joven Jesús está solo y en paz, esto lo atrae irremediablemente y lo hace sentir tiernamente reconciliado con todos los seres del mundo y con el mismo Universo.

Este original sentimiento nacido de lo más profundo del alma y corazón, es creado por la unión con Dios en la luz del amor, esta es la primera y gran revelación del primigenio origen de Jesús, la debe mantener en lo más hondo de su ser para que lo ilumine en ese futuro incierto y tortuoso que tiene por recorrer, ese susurro que se desprende de la luz la da certidumbre invencible, la que lo forma dulce e indomable.

A los doce años, Jesús tiene plena conciencia de la vida real y se presenta como un adolescente que crece en fuerza, gracia y sabiduría. Desde luego, la conciencia religiosa es en él algo natural pero totalmente independiente de los cánones de esa época, a la vez, su conciencia profética y mesiánica tiene un brusco despertar cuando se topa de frente con el exterior, por lo que debe seguir una iniciación especial para cumplir cabalmente con su destino y una larga preparación interna.

Lucas hace referencia a la primera gran conmoción sufrida por el joven Jesús cuando viaja junto con sus padres a Jerusalén, esa orgullosa ciudad de Israel y sus habitantes, centro de las aspiraciones libertarias de los judíos, quienes acumulan tumbas con su gente por las desgracias que, lejos de intimidarlos, los han hecho exaltar sus espíritus, ya que han sufrido invasiones de seleúcidas, macabeos, de Pompeyo y Herodes a nombre de los romanos, muchas han sido las terribles batallas y sitios sufridos, el ver correr ríos de sangre por la letal acción del ejército romano, las temibles crucifixiones que se dan todos los días, manchando no sólo los montes sino el orgullo de los judíos.

La última invasión, por parte del ejército más poderoso del mundo de esa época, los romanos, reduce en cantidad a los miembros del sanedrín, Consejo Supremo de los sacerdotes judíos en el que se tratan y deciden los asuntos de Estado y religión, su sumo pontífice está en la categoría de esclavo, pero que, irónicamente, Herodes reconstruye el magnífico templo de Salomón permitiendo que Jerusalén continúe siendo la ciudad santa.

Este es el panorama que contempla Jesús, sabe que está en un sitio histórica y religiosamente sagrado para los judíos y contemplar la ciudad y el templo de Jehovah es un sueño y rito que todo judío debe cumplir, acudiendo a Jerusalén, ciudad desde la que llegan de Perea, Galilea, Alejandría y Babilonia y donde los peregrinos cantan salmos, suspiran en el portal del Eterno y buscan con la mirada inquieta y excitante, la colina de Sión.

Seguramente, un sentimiento de opresión invade el alma de Jesús cuando ve la ciudad formidablemente amurallada, la escalinata del templo donde los fariseos pasean sus ricas y suntuosas vestimentas y a los sacerdotes que ofician ante el santuario en trajes de culto, violáceos o púrpuras, reluciendo oro y piedras preciosas; estos sacerdotes dan muerte a machos cabríos y toros, rociando de sangre a la gente que está cerca de ellos y clamando una bendición, esto no se parece en nada al templo de sus sueños ni al cielo de su corazón.

En esa idea de observar y conocer todos los rincones de la ciudad, llega hasta los barrios bajos y ahí, con el corazón encogido, ve a mendigos pálidos de hambre, rostros angustiados por el sufrimiento de las guerras, crucifixiones y suplicios. Su aprendizaje del mundo real continúa en los límites de la ciudad, en cavernas, ve con sufrimiento extremo a dementes que blasfeman y maldicen a vivos y muertos, a leprosos que arrastran su miseria y desprecio, paralíticos y desgraciados que tienen el cuerpo completamente lleno de úlceras y llagas.

Cada vez le cuesta más trabajo mirar, ya que desea con vehemencia desaparecer su dolor aunque sea él quien lo sufra todo, ya que no puede comprender totalmente cómo unos piden auxilio, otros sólo esperan su muerte y unos más, idiotas, que ya no sufren nada a pesar de sus dolencias; no puede más que preguntarse ¿cuánto tiempo ha pasado para que lleguen a estos estados y condiciones?, ¿para qué sirve ese majestuoso templo, los sacerdotes, himnos, sacrificios, si no remedian estos dolores?

Como respuesta a sus preguntas, Jesús siente un torrente de lágrimas sin fin y los dolores de aquellas personas cuyas almas desean el término de la materia para ser libres de cuerpo y de toda la humanidad. Comprende y siente que la felicidad que ha experimentado durante doce años ha terminado y las miradas de dolor y sufrimiento lo acompañarán durante toda su vida terrenal y se unirán a las que él mismo padecerá en unos cuantos años más.

En el templo

Cuando María y José parten hacia su hogar, no se dan cuenta que Jesús no va con ellos sino hasta cuando llegan, ya que la costumbre es de que hombres y mujeres viajan aparte y cada uno de sus padres, creen que el joven viaja con el otro por lo que, cuando descubren que Jesús no viaja con ellos, regresan por su hijo a Jerusalén. Por su parte, Jesús casi no se da cuenta de que sus padres ya no están, pues su mayor interés y concentración está en acudir al templo, primero para escuchar a escribas y maestros y después para cuestionarlos en mucho aspectos, tanto religiosos como de la vida social de los judíos y es precisamente al tercer día cuando un gran número de personas se congregan para escuchar a este joven de Galilea y disfrutar plena y totalmente la experiencia de ver como un adolescente confunde a los sabios y eruditos de la ley.

Durante las discusiones de la mañana, dedican mucho tiempo a la ley, los profetas y los maestros no ocultan su asombro de que Jesús conozca tan bien las escrituras, tanto en hebreo como en griego, pero lo que más les molesta realmente es su juventud.

Por su parte, los padres de Jesús llegan a la gran ciudad y durante todo el día lo buscan ansiosamente, incluso, entran varias ocasiones en el templo, pero nunca piensan en acercarse a los grupos de discusión, aunque en una ocasión se encontraron casi al alcance de la voz de su hijo. Antes de terminar el día, toda la atención del principal grupo de debate del templo se ha concentrado en las preguntas de Jesús. Entre sus muchas preguntas destacan:

- ¿Qué hay realmente en el santo de los santos, detrás del velo?
- ¿Por qué las madres de Israel deben estar separadas de los creyentes varones en el templo?
- Si Dios es un padre que ama a sus hijos, ¿por qué toda esta carnicería de animales para obtener el favor divino?
- ¿Se ha interpretado erróneamente la enseñanza de Moisés?
- Puesto que el templo está consagrado al culto del Padre celestial, ¿no es incongruente tolerar la presencia

de aquellos que se dedican al trueque y al comercio mundanos?

- ¿Será el Mesías esperado un príncipe temporal que ocupará el trono de David, o actuará como la luz de la vida en el establecimiento de un reino espiritual?

Los ansiosos espectadores se maravillan con estas preguntas, durante más de cuatro horas, este joven de Nazaret acosa a aquellos maestros judíos con preguntas que dan en qué pensar y sondean el corazón; además, trasmite sus enseñanzas con las preguntas que hace, desafía la doctrina y al mismo tiempo sugiere la propia. En su manera de preguntar, combina con tal encanto la sagacidad y el humor, que se hace amar incluso por aquellos que se indignan por su atrevimiento, ya que sienten que es totalmente honrado y considerado cuando efectúa sus preguntas punzantes.

Jesús muestra su reticencia característica por las respuestas, confirmada en todo su ministerio público posterior, por lo que solamente una cuestión le interesa de manera suprema: proclamar la verdad eterna y efectuar así una revelación más completa del Dios eterno.

En la conferencia de la tarde, apenas han empezado a responder a su pregunta sobre la finalidad de la oración cuando el presidente invita al muchacho a que se acerque y una vez junto a él, le pide que exponga su punto de vista respecto a la oración y la adoración.

Mientras tanto, los padres de Jesús deambulan por los patios del templo, cuando la sorpresa y asombro llenan sus rostros al reconocer la voz del muchacho extraviado y verlo sentado entre los maestros del templo. José no sabe qué hacer y se queda paralizado, en tanto que María corre hacia el joven, que ahora se levanta para saludar a sus sorprendidos padres, quienes le recriminan: "Hijo mío, ¿por qué nos tratas así?, hace más de tres días que tu padre y yo te buscamos angustiados, ¿qué te lleva a abandonarnos?" Es un

Detalle de un vitral que muestra al joven Jesús en el templo.

momento de silencio, de tensión, ya que las miradas están dirigidas hacia Jesús para saber qué contestará.

Pero el joven está a la altura de las circunstancias, después de reflexionar un momento, Jesús contesta: "¿Por qué me han buscado durante tanto tiempo?, ¿acaso no esperaban encontrarme en la casa de mi Padre, puesto que ha lle-

45

gado la hora de que me ocupe de los asuntos de él?" Todo el mundo se asombró de la manera de hablar del muchacho y optan por alejarse en silencio, dejándolo a solas con sus padres. El joven suaviza la situación de los tres diciendo tranquilamente: "Vamos, padres míos, cada quien ha hecho lo que considera mejor. Nuestro Padre que está en los cielos ha ordenado estas acciones; regresemos a casa".

Al llegar a su casa, Jesús hace una breve declaración a sus padres, reiterándoles su afecto y dándoles a entender que no tienen que temer pues no volverá a provocarles más angustias con su conducta. Concluye esta importante declaración diciendo: "Aunque debo hacer la voluntad de mi Padre celestial, también obedeceré a mi padre terrenal. Esperaré a que llegue mi hora".

De la visita a Jerusalén, que en principio parecía darle felicidad, a su regreso lo llena de tristeza y angustia y en cuanto puede, corre a la cima de los montes de Galilea, de lo más profundo de su corazón se escucha un clamor que estremece todo lo que hay alrededor: *¡Padre Celestial... Quiero Saber, Sanar... y Salvar!*, él sabe que está petición le será concedida a costa de mucho dolor y sufrimiento, inclusive, de su propia vida.

Muerte de José

A este gran dolor de Jesús, le viene otro, la muerte temprana de José, su padre, pero que tiene como consecuencia su plena libertad y la madurez como ser humano y hombre.

Esto ocurre un día que un mensajero de Séforis trae la trágica noticia de que José ha sufrido graves lesiones al caerse una grúa mientras trabajaba en la casa del gobernador. Jesús desea ir inmediatamente al lado de su padre, pero María sólo quiere acudir lo más pronto posible al lado de su esposo y marcha sola a su encuentro, ella no conoce la gravedad de las heridas, por lo que él muere como consecuencia de sus lesiones antes de que llegue María. (La tradición religiosa dice que José en realidad no muere sino que ha sido conducido al paraíso en espíritu y también en cuerpo, un privilegio concedido a muy pocos, como a Abraham, Moisés y desde luego a María).

El joven carpintero, que acaba de cumplir catorce años, toma conciencia de que ahora no sólo tiene que cumplir la misión recibida de su Padre celestial, revelar la naturaleza divina en la tierra y en la carne, sino también la responsabilidad de cuidar de su madre viuda. Jesús es ahora el sostén y consuelo de esta familia tan súbitamente afligida. Así es forzado su destino al asumir pronto grandes responsabilidades, pero altamente pedagógicas y disciplinarias. Sin embargo, a pesar de todo lo que hace Jesús para traer alegría a su casa, María está llena de tristeza, José ya no está, él, quien fue esposo y padre excepcional, todos lo extrañan, pero comprenden que la vida debe continuar y así lo hacen.

6

Juventud

Cuando Jesús cuenta con veinte años o un poco más, encuentra en el "Libro de Enoc" un pasaje que lo incita a adoptar la expresión "Hijo del Hombre" para designarse durante su misión evangelizadora. Estudia cuidadosamente el concepto muy arraigado del Mesías judío y está firmemente convencido de que él no está destinado a ese papel ni personaje. Desea con el corazón ayudar al pueblo de su padre, pero nunca piensa ni desea estar al frente del ejército judío para liberar a Palestina de la dominación extranjera y principalmente, la romana. Tampoco cree que su misión como liberador espiritual o educador moral se limitará exclusivamente al pueblo judío, así entonces, la misión de su vida no puede ser de ninguna manera el cumplimiento de deseos y supuestas profecías mesiánicas de las escrituras hebreas, al menos no de la manera en que los judíos comprenden estas predicciones de los profetas.

Pero la semilla ya está en la mente de Jesús, continúa leyendo una y varias veces la expresión en el "Libro de Enoc" en el que es descrita la forma en que debe hacer su labor en la tierra. Antes de descender al plano terrenal para aportar la salvación a la humanidad, debe cruzar los atrios de la gloria celestial con su Padre, Dios, quien es el Padre de todos y debe renunciar a toda grandeza y gloria para descender a la tierra y proclamar la salvación a los mortales necesitados.

A medida que Jesús lee estos pasajes siente en su corazón y reconoce en su mente que, de todas las predicciones mesiánicas de las escrituras hebreas y de todas las teorías sobre el libertador judío, ninguna se acerca tanto a la verdad como esta historia y esto es lo que hace cuando empieza su obra pública. Por esta época ya ha decidido muchas cosas relacionadas con su futura labor en el mundo, pero no dice nada de estas cuestiones a su madre, quien continúa creyendo firmemente que él es el Mesías judío.

Jesús pasa por profundos periodos de meditación, son frecuentes sus caminatas a lo alto de la colina para orar y despejar su atribulada mente, ha aprendido a no expresar todos sus pensamientos, a no exponer todas sus ideas al mundo. A partir de este momento, sus informaciones sobre lo que pasa por su mente van reduciéndose cada vez; es decir, habla menos sobre cuestiones que las personas comunes no comprenden y esta situación excepcional lo obliga a soportar solo el peso de su carga.

Pero al cabo de un tiempo, Jesús también debe emprender su camino lejos de su familia y lo hace saber a su madre, quien, no sin angustia en su corazón, lo deja partir en secreto hacia Engaddi, donde será acogido como hermano, saludado como elegido que es y rápidamente adquirirá de sus maestros un invencible ascendiente por sus facultades superiores, ardiente caridad y ese algo divino que difunde todo su ser. Recibirá de ellos lo que nada más los esenios pueden darle, la tradición esotérica de los profetas y como consecuencia, su orientación histórica-religiosa.

Cristo con la tierra en sus manos; los conocimientos adquiridos de los esenios fueron muy importantes para el despertar de su misión en la tierra.

7

Iniciación de Jesús

Para la importantísima labor que llevará a cabo, Jesús tiene que prepararse en todos los sentidos, para esto, toma dos decisiones muy importantes, la primera, viajar a todas las ciudades del mundo conocido que pueda y segunda, llevar a cabo un periodo de preparación física, mental, espiritual y divina que le permita su participación pública con la certeza de que sus palabras serán escuchadas no sólo en territorio judío sino en todo el orbe.

Parte a ciudades como Alejandría, Atenas, Egipto, Tebas, Roma, Corinto y muchas más que le permite conocer toda la gama de naturaleza humana con sus virtudes, vicios, aciertos y defectos; diferentes formas y niveles de pensamientos, de ver la vida, de actuar en ella, las disparidad entre religiones y también sus similitudes, todo ello enriquece a Jesús ya que le abre, literalmente, el mundo contemporáneo para cambiar su futuro a costa del sacrificio propio. Las personas que lo conocen adivinan o intuyen en él esa sabiduría que muy pocos han alcanzado antes y después de la vida de Jesús.

De ese aprendizaje, el hijo de Dios hecho Hombre goza más de los pequeños detalles, como lograr una sonrisa de algún niño o la satisfacción de la comprensión de sus palabras en personas con mente abierta; desde luego, no goza de bienes materiales sino que los utiliza según la ocasión y

Egipto fue uno de los lugares más importantes que Jesús visitó durante sus años de viaje.

sin ostentación alguna, su sencillez es manifiesta hasta cuando no está presente. Es así como se forma el temple Jesús, su contacto con los humanos lo hace más humano a él, los comprende pero no justifica sus actos malvados y malignos de envidia, egoísmo, lujuria, venganza, intolerancia, cobardía, abusos de poder, asesinatos y demás, pero esa es, precisamente, su labor más importante, redimir a los extraviados y no ensalzar a los buenos de corazón, pues ellos no necesitan mayor estímulo, sus almas están protegidas por otras entidades celestiales.

Sin embargo, esta parte ya cubierta no lo es todo, falta la propia elevación espiritual de Jesús, esa parte en la que únicamente él es discípulo y maestro de sí y requiere de todo un ritual de iniciación que no es fácil de encontrar, por lo que su mente encuentra pronto una respuesta, acudir con los Maestros esenios, ya que solamente con ellos puede lograrlo.

Los esenios son personas que se separan del judaísmo tradicional formando un grupo (secta, en el sentido estricto de la palabra, que significa formación y separación de un grupo pequeño de uno más grande) que va más allá de la ortodoxia dogmática antes y durante tiempos de Jesús. Viven en comunidades monásticas, llevan una vida austera completamente, no consumen bebidas alcohólicas y practican la comunidad de bienes, es decir todos trabajan para todos sin que nadie acumule de más o quiera sacar provecho o ganancia de esas actividades.

Esta agrupación constituye una fraternidad monástica, teniendo como centro de actividades las cuevas de Qumram, a orillas del Mar Muerto, cerca de Hebrón y de las legendarias tumbas de Abraham, Isaac y Jacob, incluso de Adán y Eva. Los esenios son hombres piadosos, justos y humildes, unidos por decir siempre la verdad a costa de lo que sea, sin importar las consecuencias, castigando a los embuste-

Las cuevas de Qumram eran la sede de los esenios y sus misteriosos conocimientos.

ros, ladrones y mentirosos y nunca pelean por dinero o alguna otra ganancia material. No tienen contacto sexual, aunque existen algunos otros grupos donde es bien aceptado el matrimonio.

Los esenios creen en el alma inmortal, que después de morir, las almas puras se elevan al espacio hasta llegar más allá del océano, a un lugar donde impera una eterna primavera y sopla una agradable y suave brisa desde el mar. Las almas impuras están destinadas a una especie de infierno, un lugar oscuro, helado donde sufrirán tormentos durante mucho tiempo. Esta separación está muy marcada entre los esenios, ya que distinguen de raíz los dos únicos mundos existentes antes y después de la muerte, los que siguen el camino de la Verdad, practican la rectitud y la humildad, están bajo la protección del Príncipe de la Luz, por lo que caminan por senderos de luminosidad, los demás están bajo la esclavitud del Ángel de las Tinieblas.

Para este grupo especial de judíos separados, su iniciador es un Maestro de Justicia que ha sido sacrificado cien años antes que ellos por los ortodoxos, ¿su nombre?: Melquisedec.

Antes de finalizar la primera mitad del siglo XX, concretamente en 1947, son descubiertos en Qumran, muy cerca del Mar Muerto, unos manuscritos que contienen el *Manual de la Disciplina*, libro que da a conocer al mundo la vida en comunidad de los esenios. Posteriormente, estos escritos son conocidos como *Los Rollos del Mar Muerto* y se cree, ya que no se ha dado a conocer su contenido íntegramente, que contienen la verdadera historia de Jesucristo, que no es la misma que la iglesia católica ha hecho creer a la gente durante siglos; sin embargo, esto no ha sido confirmado, pero a pesar de ello, es importante tener en mente que cuando *los rollos del Mar Muerto hacen ruido, verdades llevan*.

Con estos antecedentes y siendo los esenios disidentes del judaísmo ortodoxo, Jesús se identifica y acerca con ellos para su iniciación en áreas esenciales de su vida terrena;

En el año de 1947 fueron encontrados por un pastor los Rollos del Mar Muerto, los cuales contienen entre otras cosas el manual de la disciplina, que describe la vida de los esenios.

los evangelios no mencionan nada al respecto y únicamente hacen referencia de ello a partir del encuentro de Jesús con Juan el bautista, quien lo inicia, a través del bautismo precisamente, para que tome posesión de su ministerio y de inmediato aparezca en Galilea con una doctrina bien definida y determinada, con la seguridad de un profeta y la conciencia de ser el Mesías.

Esta palabra de origen arameo significa *el ungido que equivale al christós* griego y también tiene las acepciones de *Siervo de Yavéh, Hijo del Hombre, Salvador.* En el judaísmo, Mesías se aplica a un salvador descendiente de David, anunciado por profetas y enviado por Dios para liberar a los judíos de la dominación extranjera y establecer un reinado de justicia, paz y prosperidad, por estas razones, alguien tan especial es fervientemente esperado, aún en el tiempo actual, por el pueblo israelí, pero que no reconocen en la figura de Jesús, al contrario de los cristianos quienes creen que con Jesucristo se cumplen las profecías del Antiguo Testamento y que él es el mesías esperado.

Los esenios deben su nombre a la palabra de origen sirio Asaya, que significa, médicos y terapeutas, porque su finalidad terrenal es sanar enfermedades físicas y morales, con la utilización y gran conocimiento de plantas y minerales, según comenta Josefo y en cuanto a la predicción, Manahem le dice a Herodes que logrará ser rey y Filón argumenta que sirven a Dios con mucha piedad, sin ofrecer víctimas sino santificando espíritus, por lo que huyen de las ciudades para dedicarse a la paz, no conocen la esclavitud física ni de pensamiento, ya que son libres y trabajan todos para todos.

La iniciación y preparación de Jesús para cumplir su destino como *Hijo de Dios* se da en la única comunidad que conserva las verdaderas tradiciones del pueblo de Israel, los esenios, quienes van más allá de la interpretación casi maniquea de los textos sagrados y descubren el enlace de la vida y los seres vivos por medio de su espíritu y esta estrecha relación se logra porque Jesús combate con singular énfasis a los partidos religiosos de su época sin intentar siquiera mencionar una sola palabra ya no a favor sino en contra de los esenios, de igual forma evangelistas y apóstoles tampoco hablan de ellos y esto se debe a que los consideran como parte importante de los suyos o, lo que es más, aquéllos son parte inseparable de este pueblo sectario de los judíos a tal grado que llegan a fusionarse en uno solo, el cristianismo.

Los esenios forman, hace dos mil años, la última cofradía, el último bastión de profetas organizados por Samuel, ya que el despotismo de los villanos de Palestina, la envidia de un sacerdocio ambicioso y servil como el que integran el Sanedrín, los lanzan al retiro, silencio y meditación, a olvidar batallas con armas contra los enemigos de Israel y su única y mayor virtud y actividad es conservar la tradición pura y sin desvíos como no la están llevando a cabo los sacerdotes de las ciudades.

Para lograr su propósito se concentran en dos sitios principales, uno en Egipto, en la orilla del lago de Maoris y otro en Palestina, en Engaddi, a orillas del Mar Muerto y esto no es casualidad, ya que se cree que Jesús pasa varios años en el enclave de los esenios en Egipto, precisamente en las pirámides, para llevar a cabo ritos de iniciación y preparación para su labor ya próxima de darse a conocer al mundo de entonces.

Por su parte, los esenios escriben y mantienen en jarras muchos rollos con la que parece ser la verdadera historia de Jesús y que luego son guardadas en una cueva de Qumran para ser descubiertos casi dos mil años después y dada la importancia de estos escritos, tanto judíos como

Fragmentos de los Rollos del Mar Muerto.

quienes han tenido acceso a estos valiosos documentos, no han dado a conocer al mundo su verdadero contenido, ¿será porque que tal vez Jesús si es el Mesías esperado por los israelitas y estos continúan negándolo?, y que ¿las iglesias cristianas, encabezadas por el catolicismo, han deformado el carácter redentor, místico, divino, humano y amoroso de Jesucristo fundando una iglesia a la que *El Hijo de Dios* nunca aspiró a formar?

Iniciación

Cuando se forma una sociedad como la de los esenios, las reglas deben ser firmes y hasta severas, para conservar su tradición y tesoro espiritual y al ser admitido en ella se requiere el noviciado de un año en donde el candidato debe mostrar y probar que es de temple para que sea admitido al "lavado" físico y del alma, no obstante, aún no es tiempo de entrar en contacto con los maestros de la orden, deben transcurrir dos años para que pueda darse este importante paso en la vida del neófito y ser admitido en la cofradía. Para este paso, el aspirante tiene que hacer y llevar a cabo juramentos de actitud, observar íntegramente los deberes y jamás traicionar los secretos a los que ha tenido y tendrá acceso. Es por esto que casi nada se sabe de los esenios.

Solamente bajo esas condiciones, se está preparado para tomar parte en las comidas comunitarias, que son llevadas a cabo con gran solemnidad y son uno de los cultos más íntimos de los esenios, incluso, el vestir adecuadamente es considerado como sagrado y la ropa es guardada cuidadosamente después de asistir al banquete y antes de empezar a trabajar en bien de la comunidad. Es posible tener una idea muy clara de este rito de los ágapes fraternales si ves pinturas y lees con cuidado la crónica de lo que fue la Última Cena, institucionalizada por Jesús en representación de lo que él aprende con los esenios, ya que antes y después de consumir alimentos son necesarias las oraciones para agradecer la vida, el pan y el vino que gozan los comensales y, esencialmente, lavar los pies de los invitados.

Dentro de la orden, transcurre la primera interpretación de los libros sagrados de Moisés y los profetas, y la explicación, tal como en la iniciación, se da en tres grados y sentidos, a los que muy pocos llegan hasta el final. Existen otras actividades para quienes están dentro de la comunidad esenia, como son la de orar a la salida del sol, vestir con tela de lino, comidas fraternales, noviciado de un año, tres grados de la iniciación, organización de la hermandad, comunidad de bienes regidos por sanadores, ley de silencio, juramento de los Misterios y la enseñanza dividida en tres partes:

1. Ciencia de los principios universales o teogonía, también conocida como Lógica.
2. Física o cosmogonía.
3. Moral, entendiendo ésta como todo lo que se refiere al hombre, es la ciencia a la cual se consagran especialmente los terapeutas.

Sin faltar, por supuesto, la creencia entre los esenios de la preexistencia del alma, consecuencia y razón por lo que es inmortal; lo confirma Josefo cuando afirma que *El alma, al cuerpo por un cierto encanto natural, queda en él como encerrada en una prisión y una vez libre de los lazos del cuerpo* (al morir) *como después de una larga esclavitud, de él escapa con alegría.*

Dentro de los esenios, existen quienes practican el celibato por convicción propia y ayudan a los hermanos a trabajar la tierra, educando niños, a veces hasta ajenos a la comunidad y apartándose de los demás durante los descansos para la meditación; los casados forman parte de una tercera orden unida y sometida a la anterior, conservando el silencio como virtud, son dulces y amables cultivando el arte de la paz en todos los lugares a los que acuden, además de dedicarse a tejer, a la carpintería, jardinería y al cultivo de uvas, eso sí, nunca son armeros ni comerciantes.

Como ya sabes, los esenios están dispersos en grupos pequeños en Palestina, Egipto y el monte Horeb y se dan entre sí la hospitalidad más cordial y amable posible, por eso, cuando Jesús llega a cualquier lugar, lo primero que dice es: *Que la paz esté contigo y tu familia,* en recuerdo a la hospitalidad total que encuentra en todos los grupos de esenios. Una vez más, Josefo dice sobre este peculiar grupo de judíos: *Son ejemplo de moralidad, se esfuerzan en reprimir toda pasión y movimiento de cólera, siempre son benévolos en sus relaciones, apacibles y poseen la mejor fe. Su palabra tiene más fuerza que un juramento, al que consideran superfluo. Soportan con fuerza admirable en el alma y una sonrisa en los labios, las torturas más crueles antes que violar el más mínimo precepto religioso.*

Con todas estas cualidades, Jesús siente atracción irresistible hacia los esenios por coincidencia de conceptos y actitudes, como el amor al prójimo antes que todo, y como primer deber ineludible: no jurar cuando se habla con la verdad, repugnar la mentira, ser humilde y, además, institucionalizar la Cena, dándole y agregándole un nuevo y real sentido, el sacrificio por los demás seres con quien se comparte.

También comprende que un profundo abismo separa el dogma oficial judío de la antiquísima sabiduría de los iniciados, la verdadera madre de todas las religiones, llámense como se llamen, pero con el signo maléfico y fatal de ser perseguida por el más grande espíritu del mal, Satán, con su odio, egoísmo y negatividad, que unido íntimamente al poder político absoluto de la impostura sacerdotal, crea un poder realmente maligno, como ejemplo, el sanedrín.

También aprende que el Génesis encierra simbólicamente la cosmogonía y teogonía tan lejanas de su sentido literal y primigenio. Contempla los días de la creación eterna por el resultado de los elementos y la formación de los mundos, el origen de las almas flotantes y su regreso a Dios por las existencias progresivas a la de Adán. ¡Ah!, también queda asombrado de la grandeza del pensamiento de Moisés que ha querido preparar la unidad religiosa de las naciones, creando el culto del único Dios, encarnando y sembrando profundamente esta idea en la conciencia del pueblo.

Cristo también se instruyó en antiguas doctrinas, entre ellas las enseñanzas del sabio de Samos, Pitágoras.

Asimila de inmediato la doctrina del Verbo divino, ya profesada por Krishna en la India, por los sacerdotes de Osiris en Egipto, por Orfeo y Pitágoras en Grecia y que finalmente es conocida y reconocida por los profetas por el nombre de *Misterio del Hijo del Hombre y del Hijo de Dios*. De esta doctrina se desprende el porqué Jesús soporta tanto dolor para redimir a la raza humana, con ella asegura que la más alta manifestación de Dios... es el Hombre, quien gracias a su constitución, forma, órganos e inteligencia, es la imagen del ser universal y posee sus facultades.

El infaltable 'pero' de toda actividad humana es que en la evolución terrestre de la humanidad, Dios está disperso, mutilado, fraccionado en la multiplicidad de los humanos y en la imperfección del hombre; por eso, él sufre, busca y lucha, por eso es el Hijo del Hombre, el perfecto, el modelo de pensamiento más profundo de Dios; sin embargo, en algunas épocas especiales, cuando se intenta desatar a la humanidad de las profundidades, de impulsarla más alto, un elegido se identifica con la divinidad, la atrae por sabiduría, fuerza y amor y para manifestarla una y otra vez a los hombres, es entonces que la divinidad, por virtud y soplo del Espíritu, está completa y totalmente presente en él, es cuando el *Hijo del Hombre* se convierte en el *Hijo de Dios*.

Desde siempre han existido hijos de Dios en muchos lugares del mundo, pero desde la aparición de Moisés, nadie ha vuelto a florecer en Israel, es por eso que todos los profetas esperan aquel Mesías; incluso, algunos videntes dicen que ahora se llamará el *Hijo de la Mujer*, de la Isis del cielo, de la luz divina que proviene de la Esposa de Dios, ya que la luz del amor brillará en él por sobre las demás con un fulgor desconocido aún en la Tierra.

Todos estos conocimientos y muchos más, los adquiere Jesús al vivir varios años entre los esenios, se somete a su disciplina, estudia con ellos los secretos de la naturaleza y ejercita en la terapéutica oculta; domina totalmente sus sentidos para desarrollar su espíritu, ya que no hay día en que

Dibujo de anatomía de Leonardo Da Vinci, en el cual se puede apreciar la perfección del cuerpo humano, pero la imperfección se encuentra en su interior, es obra y trabajo individual el evolucionar espiritualmente para alcanzar un estado de perfección.

medite sobre el destino de la humanidad, de cómo será con y sin su actuación y esto le lleva, irremediablemente, a interrogarse a sí, a preguntarse cada vez si está dispuesto al sacrificio para salvar a sus hermanos de la Tierra.

La verdad oculta, revelada a unos cuantos en mucho tiempo, es la misma que recibe Jesús del patriarca de los esenios, teniendo como marco y mudo testigo, las desiertas playas del Mar Muerto, en la soledad de Engaddi que para el aprendiz son maravillosas y conocidas. La emoción e inquietud son el sentimiento y estado en el que se encuentra el neófito al escuchar al jefe de la orden cuando lee estas palabras del libro de Enoc: *Desde el principio, el Hijo del Hombre estaba en el misterio. El Altísimo le guardaba al lado de su poder y le manifestaba a sus elegidos... Pero los reyes se asustarán y prosternarán su semblante hasta la Tierra y el espanto les sobrecogerá, cuando vean al hijo de la mujer sentado sobre el trono de su gloria... Entonces el Elegido evocará todas las fuerzas del cielo, todos los santos de las alturas y el poder de Dios. Entonces los Querubines, los Serafines, los Ophanim, todos los ángeles de la fuerza, todos los ángeles del Señor, es decir, del Elegido y de la otra fuerza, que sirven sobre la Tierra y por encima de las aguas, elevarán sus voces.*

Este pasaje del libro de Enoc, muestra que la doctrina del verbo y la Trinidad, que se encuentra en el Evangelio de Juan, existe en Israel desde mucho tiempo antes de Jesús y es producto de las profecías esotéricas. En este libro, el Señor de los espíritus representa al Padre; el Elegido al Hijo y la otra fuerza al Espíritu Santo.

Ante estas revelaciones de las palabras de los profetas mil veces leídas y meditadas, dan a los ojos del nazareno nuevos, profundos y terribles resplandores, como relámpagos durante la noche que preguntan al cielo ¿quién es aquel Elegido?, y ¿cuándo llegará a Israel? Esta noche, que representa a todas juntas, es memorable para la orden de los esenios y su nuevo adepto, es aquella oscuridad que ilumina más que el día, cuando Jesús recibe, en el más profundo y estricto secreto, la iniciación superior del máximo grado, el que sólo se concede cuando es para una misión profética deseada por el hermano y adepto y confirmada por la sabiduría de los ancianos.

La trinidad, obra del pintor "el Greco.

La ceremonia de aceptación de la alta investidura, es en una gruta tallada en el interior de una montaña con una amplísima sala, altar y asientos de piedra, allí, están reunidos el jefe de la orden, una especie de consejo de ancianos y tres profetisas iniciadas, todos atentos e interiormente alegres por la ceremonia de ascensión de Jesús, cuya vida a partir de entonces, cambiará la de muchos millones de personas en el mundo y el tiempo. Todos tienen en sus manos antorchas y palmas para saludar al Hijo de Dios e Hijo del Hombre.

El último en llegar es el mismo nazareno, quien viste una túnica de lino blanco resplandeciente, con ese brillo especial que da la purificación divina, camina lentamente, sintiendo, oliendo, percibiendo el ambiente y su destino a cada paso que da, es el andar de un rey verdadero, el que sabe que sus conocimientos y sentimientos e incluso, el sacrificio, serán vitales para redimir a una humanidad que no aprende a amar a Dios ni al prójimo como a sí mismo. Tanto el jefe de la orden como los demás iniciados presentes, saben en el fondo de su corazón y del alma que será la última vez que lo verán, al menos en su carácter humano.

Al inicio de ceremonia tan especial, el jefe y más anciano de la orden presenta el *cáliz de oro*, símbolo de la iniciación suprema que contiene *el vino de la viña del Señor*, símbolo también de inspiración divina y que, finalmente, representa el sacrificio y tremendo dolor que tendrá que soportar el Hijo de Dios representando dignamente su papel de Hijo del Hombre. Se cree que incluso Moisés bebió de este vino y otros lo remontan hasta Abraham, quien recibió de Melquisedec esta iniciación, bajo las especies del pan y del vino. (Génesis XIV-18: *Pero Melquisedec, rey de Salem, presentando pan y vino, pues era sacerdote del Dios altísimo*).

El anciano sabio nunca presenta la copa más que a un hombre en el cual ha reconocido, con certeza, los signos de su misión profética, aunque esta misión nadie puede definirla, sólo el iniciado y elegido puede y debe encontrarla por él, esta es una ley irrefutable de los iniciados, nada dice el exterior, todo está en lo internamente humano. Después de los cánticos, oraciones y palabras sagradas del anciano, el nazareno toma la copa con las dos manos y la alza para ofrecerla a su Dios Padre, en ese momento, un rayo de luz pálida recorre e ilumina la amplísima sala, recorre e intensifica las llamas de las antorchas al igual que el blanco de los vestidos de las esenias iniciadas presentes en la ceremonia, ellas tiemblan cuando esa luz cae sobre el pálido Galileo, cuyo rostro sereno muestra una gran tristeza, no acorde con el extraordinario evento en el que él es el centro de atención, parece que el futuro inmediato se presenta ante sus asombrados ojos y asume el dolor desde el fondo de su ser, sabe que su camino será muy difícil y sumamente lastimoso.

A partir de la terminación de la ceremonia, Jesús es libre, ya nada hay que aprender de los sabios esenios sino que ahora es tiempo de practicar y predicar para lo que ha sido formado, el amor a Dios, al prójimo y a uno mismo, siendo dueño de sus acciones, se entrega al viento del espíritu que puede precipitarlo al abismo o elevarlo a la cima.

Afuera de la gruta, Jesús mira al cielo y ve una figura de la que sabe de ella pero que no ha tenido ocasión de conocerla profundamente, esa persona anuncia su llegada al mundo y poco a poco, la gente que lo escucha, por alguna razón, sabe que dice la verdad, que pronto llegará el Hijo de Dios hecho Hombre. Juan el Bautista es su nombre, gusta de predicar en las riberas del río Jordán, no es esenio pero si iniciado como tal y es un profeta de la combatiente raza de Judá.

Juan llega al desierto para llevar una vida austera y de piedad, soportando las inclemencias del calor en el día y del frío por las noches, siempre meditando y amparándose en la oración, llevando ayunos y penitencias impuestos por él, su piel, tremendamente curtida por el inclemente sol del desierto, no le importa, ya que además, es capaz de llevar en su cuerpo un vestido hecho con cabello de camello, como penitencia y purificación que se impone él y quiere que lo haga también su pueblo, los hijos de Israel, ya que así, será más liviana la angustia que siente por su patria amada y espera con impaciencia, la llegada de aquel que liberará a su pueblo, del Mesías que está pronto por venir, que ajusticiará a los romanos y vengará a los judíos que sufren la sumisión y desprecio de aquéllos.

Juan, como profeta, cree ver a este Mesías, después de dar castigo a los culpables, entrando triunfante a Jerusalén y restableciendo el reino de Israel por sobre todos los pueblos, en paz y justicia y esto lo grita a los cinco puntos cardinales, norte, sur, este, oeste y el cielo, pero para que este feliz acontecimiento suceda, es preciso que los judíos se arrepientan de sus faltas del pasado y quienes así lo hagan, reciban el bautismo de manos de Juan, simbolizando visiblemente que se ha cumplido cabalmente con la purificación interna indispensable para ser dignos de recibir al Mesías libertador. Lamentablemente, estas ideas arraigan más en la creencia popular de los judíos y será una de las batallas que Jesús librará durante toda su vida de predicación, no sólo para erradicar esa falsa esperanza en la gente del pueblo de un rey de Israel con armas y escudos sino también entre sus propios discípulos.

Esta ceremonia del bautismo crece cada día que pasa y ahora son multitudes deseosas de participar en esta purificación enmarcada por el desierto, las montañas severas de Judea y Perea y en las sagradas aguas del río Jordán, esta ceremonia da a la gente de Israel lo que ya no encuentra en templos; una sacudida interior, arrepentimiento y una esperanza, aunque vaga, enormemente prodigiosa. De toda Palestina acuden al bautismo y para escuchar a Juan anunciar la pronta llegada del Mesías, su voz es tan poderosa y dulce a la vez que atrae multitudes, mismas que después de escuchar al profeta no desean abandonarlo, sino hasta que llegue el Mesías anunciado.

Pero la gente está deseosa de iniciar una guerra santa, pero con armas, espadas y escudos, no anticipan que el Mesías no empuñará jamás un arma en contra de nadie, sino que su espada y escudo son el amor y la justicia y, lo peor, es que este movimiento de purificación y libertad es ya del conocimiento de Herodes Antipas, gobernador de Galilea y Perea, quien está casado con Herodías, esposa de su hermano Filipo, este matrimonio es cuestionado todos los días por Juan, a tal grado que le costará la vida al bautista. Pero no son los únicos, los sacerdotes de Jerusalén también están inquietos ante ese movimiento popular espontáneo, Tiberio, a los 74 años, termina su vida en medio de las orgías y bacanales de Caprea, Poncio Pilatos aumenta la violencia contra los judíos y en Egipto, los sacerdotes anuncian que el ave fénix pronto renacerá de sus cenizas.

Esta visión de Juan, sobrecoge a Jesús y aunque es ya un Maestro, no deja de sentir profundo pesar por las falsas creencias sobre su participación en la "liberación" de Israel. Él será acompañado por sus discípulos esenios, siente que su vocación profética interior crece a cada momento, continúa escuchando comentarios sobre la labor de Juan Bautista, por lo que de inmediato parte al desierto del Jordán, quiere ver, escuchar, estar cerca y llevar a cabo el rito del bautismo, una nueva iniciación en su vida, otra muerte y resurrección.

Con este acto de humildad, Jesús hace su aparición pública y, al mismo tiempo, manifiesta su respeto a Juan por levantar su voz contra los poderes de los romanos y despertar de su letargo al alma de Israel, no importa que la apariencia del Bautista sea la de un rudo ermitaño, muy velludo y con una larga cabellera descuidada y desarreglada que lo asemeja a un león en celo o en espera de su comida, eso no les importa a ninguno de los dos, lo verdaderamente importante, es que el mensaje ya está dado y ahora únicamente falta que el Mesías aparezca físicamente, algo que no tardará mucho en acontecer.

San Juan Bautista, escultura en terracota de finales del siglo XV.

8

Bautismo de Jesús

Juan lleva a cabo sus oraciones en voz alta mientras lo esperan pacientemente miles de personas reunidas en una ribera del río Jordán. No es difícil distinguir a funcionarios, soldados romanos, samaritanos, levitas, idumeos con sus rebaños (de la región de Idumea, en Palestina, al sur de Judea, cuyos habitantes nómadas creen firmemente que son descendientes de Esaú) y árabes quienes, al detener sus caravanas, camellos y tiendas, dan otro color a la arena; todos ellos escuchan atentos, meditabundos y en silencio la "voz que retumba en el desierto", esa que les llega al alma y corazón y que les dice: *Transfórmate, prepara los caminos del Señor, arregla y adorna los senderos. El hacha está próxima a la raíz de los árboles. No dejes que el canto de los fariseos y saduceos te envuelva, ellos son razas de víboras.*

En cuanto inicia la puesta del sol, las miles de personas se acercan a la ribera del río considerado desde siempre como sagrado y sin importar etnias, razas, clases sociales, profesiones, actividades ni nacionalidades, todos están mezclados; soldados, bandidos, mercenarios, nómadas y hasta los hombres más rudos se inclinan para recibir el agua de la vida que vierte lentamente Juan, para llenarlos de esperanza con este renacer que les da el bautismo, todos reciben su iniciación hacia la buena nueva.

El río Jordán fue el escenario del encuentro entre Jesús y Juan el bautista, así como del bautismo de Jesús.

Jesús toma su lugar en la larga fila y mientras avanza lentamente, utiliza esos momentos para meditar sobre este renacimiento y de hecho, el inicio de su vida pública y abierta para predicar la palabra de su Padre, Dios. Al llegar ante Juan, éste siente una alegría y temor inmensos, sabe que no ha predicado en el desierto, que sus palabras sobre la llegada del Hijo de Dios hecho Hombre están llenas de verdad, logra mirar a lo lejos el rostro de este enigmático y amoroso personaje que está a punto de llegar ante él, esperando humildemente el bautizo por parte de Juan, mientras éste sentencia a los iniciados: *Yo sólo bautizo con agua, pero él lo hará con fuego.*

Jesús admira la escena fascinado, camina lentamente, quiere llegar lo más cerca posible de Juan aunque el bautista aparenta no reconocerlo, al estar frente a frente, Juan descubre además la formación esenia de Jesús, por su ropaje de lino muy blanco, mismo que está mojado hasta la cintura, en tanto que el nazareno se inclina como signo de reverencia y respeto para recibir humildemente la rociadura. Al vaciar Juan la jícara con agua sobre la cabeza, Jesús siente que se le refresca el cuerpo y, sobre todo, el alma, levanta la cabeza para ver a los ojos de Juan y este rudo hombre se estremece al sentir en lo más hondo de su ser, la dulzura, tranquilidad y comprensión del galileo y ante esta muestra de divinidad humana nunca vista, el bautista sólo pregunta: *¿Eres el Mesías?*

La dulzura de la mirada no desaparece de los ojos de Jesús pero no responde, ya que el silencio es una ley de los esenios y Juan lo sabe, por lo que no insiste y únicamente ve como el nazareno cruza sus manos sobre el pecho y se inclina solicitando al mismo tiempo su bendición, lo curioso es que ante la presencia de Jesús, las demás personas están asombradas, incluso los cinco hombres que están antes que él le ceden el paso para llegar antes a la presencia de Juan.

Esta parte de la ceremonia del bautizo de Jesús lleva más tiempo que el que dedica al resto de los mortales, pero eso a nadie le importa, todos están admirados por este encuentro, no saben por qué, pero no pierden detalle de nada. Después, el galileo marcha junto con sus primeros seguidores y se pierde en el camino. Este acto solemne marca el inicio del amoroso pero doloroso camino del nazareno aunque nadie más que él lo sabe en ese momento.

Juan ve marchar a tan extraño personaje y queda lleno de dudas, alegría y una profunda melancolía, en su interior siente y vibra que Jesús es un ser lleno de luz que ilumina todo a su alrededor; de repente, una chispa salta en su mente y sin dudar, alza sus brazos al cielo y clama: "¡Es el Dios que he estado pregonando que vendrá al mundo!" y en su reflexión sabe que debe continuar con su labor de divulgar la verdad, que el Mesías ya está aquí, por lo que él debe empezar a desaparecer, la enseñanza es clara y precisa: "El Mesías debe crecer y yo desaparecer poco a poco. Yo ya estoy muy cansado y lo que más deseo es dormir el sueño eterno", lo mejor de todo es que Dios va a su encuentro, a recibir el bautismo como un rito de iniciación para su labor abierta, pública, reivindicatoria, de perdón, alegría, paz y desde luego, sacrificio.

Jesús es bautizado por Juan cuando Palestina está exaltada con la esperanza que su mensaje clama: "El reino de Dios está cerca", ya que el sentido judío de solidaridad racial es muy profundo, ellos no sólo creen que los pecados de un padre pueden afectar a sus hijos, sino que las culpas de un individuo maldicen a la nación. Muchas almas piadosas son bautizadas por Juan para el bien de Israel; temen que un pecado de ignorancia retrase la llegada del Mesías.

También sienten que pertenecen a una nación culpable y maldita por el pecado, por lo que el bautismo les permite manifestar los frutos de una penitencia racial. Pero Jesús no recibe el bautismo como rito de arrepentimiento o para la remisión de los pecados sino que, al aceptar el agua bendita de manos de Juan, él sólo sigue el ejemplo de muchos israelitas piadosos y como primer acto público de obediencia a las leyes justas de los hombres y las más altas de Dios.

Cuando el nazareno baja al Jordán, es para ser bautizado, es un mortal con un alto grado de ascensión evolutiva humana en todos los aspectos relacionados con la conquista de la mente y la identificación del yo con el espíritu. Ese día, está de pie en la ribera del río como un humano perfeccionado de los mundos evolutivos del tiempo y del espacio.

Jesús conoce los secretos de todas las religiones gracias a las enseñanzas de los viejos sabios esenios, sabe que la humanidad está en una decadencia espiritual y espera que el salvador llegue hasta ella para redimirla, por eso, la pregunta de Juan el Bautista gira en su cabeza, "¿tú eres el Mesías?", por lo que decide llevar a cabo un ayuno de cuarenta días, necesita asimilar esa visión soberana de la verdad por la que, irremediablemente y como parte vital de su formación, deben pasar los verdaderos profetas e iniciadores revolucionarios antes de iniciar su obra más grande. Ese bautismo de Jesús es totalmente de consagración a la realización de la voluntad del Padre celestial y universal.

9

Cuarentena

Meditación y ayuno

Para su meditación y ayuno de cuarenta días, Jesús decide hacerlo en Engaddi, lugar donde los esenios cultivan ajonjolí y la vid, sigue una vereda escarpada y difícil que lo lleva hasta la montaña donde sus muros disimulan la entrada a la gruta, en ella, hay dos columnas dóricas talladas en la misma roca. En el fondo de la cañada están los viñedos y las casas y, a los lejos, el inmóvil y gris Mar Muerto y las montañas desiertas de Moab. Este lugar es para el retiro de aquellos que desean hacerlo en soledad total, una dura y tremenda prueba para templar voluntades y encontrar caminos. En el aislamiento de la gruta se percibe el aroma sutil y fortificante del incienso, el de higos secos y el ligero y burbujeante sonido de una pequeña y escasa caída de agua, estos son los alimentos y el sonido que rodean a Jesús en meditación.

Durante cuarenta días de reflexión y ayuno, el espíritu de Jesús tiembla al observar el pasado tormentoso de la humanidad, el degradante presente, donde Roma conquista todo lo que está a su alcance, que es mucho y distingue, porque los magos persas llaman a los romanos como el reino de Ahrimán y los profetas como el de Satán, ya que observa los signos de la Bestia y el apogeo del mal.

La población en general de Israel ha olvidado la misión sagrada de Moisés de representar a la religión del Padre, del Espíritu puro, de llevarla y enseñarla a otras naciones y hacerla triunfar, pero el problema principal es que ni reyes ni sacerdotes han cumplido esta importante misión, por lo que está a punto de fallecer ante la superioridad romana.

Jesús puede intentar ser un Macabeo, es decir, imitar a la familia hebrea de príncipes asmoneos, cuyo fundador Matatías, un guerrero judío que en el año 166 a. C. es el caudillo de la resistencia contra Antíoco Epífanes, batalla en la que incluso pelean sus hijos: Judas, quien vence a los generales de Antíoco en Emmaús y Hebrón; Jonatás, sumo sacerdote quien muere asesinado y Simón, otro sumo sacerdote que comete la traición a su pueblo y es asesinado por su yerno.

Con estos antecedentes, Jesús fácilmente puede hacerse nombrar pontífice-rey, ha visto el poder de convencimiento en la gente por la palabra de Juan el Bautista, pero está también convencido de que la violencia nunca terminará con la violencia, al contrario, generará más y más, que una espada no puede reinar en paz contra otra, que toda la maldad, desdicha y dolor que generan las guerras y los sometimientos de los pueblos sólo son excusas y pretextos para reclutar nuevas almas para los poderes de las tinieblas que acechan a sus presas ya no en las sombras sino abiertamente.

Sabe que ese no es camino pero aún duda; ¿es mejor divulgar la verdad a todos, que hasta entonces es el privilegio de algunos cuantos iniciados, abrir los corazones de todos los humanos para que la verdad penetre en la inteligencia por revelación divina de su Padre, lo que significa predicar el reino de los cielos a los sencillos, transformar a la humanidad por el fondo y por la base, regenerando almas para el cielo?

Dentro de su meditación, aún queda en Jesús la inquietud de quién será, al final, la victoria, de su Padre a través de él o del espíritu del mal que tiene su fuente de acción en la Tierra, porque no sólo la lucha será contra este temible adversario sino que también habrán otros despiadados como Herodes, César y hasta los integrantes y sumos sacerdotes del Sanedrín, estos últimos deberían apoyarlo pero al final, ellos no sólo lo aborrecerán, despreciarán y temerán, sino además, elegirán la forma más cruel en la que habrá de morir.

Cesar sería usado varias veces para tratar de hacer caer a Jesús, quien siempre mostró gran sentido común al responder a las provocaciones de sus detractores.

Pero el tiempo de la aparición pública de Jesús ha iniciado con su bautizo y no existe nada que pueda evitarlo, ni siquiera los acontecimientos del futuro inmediato y sus consecuencias a largo plazo. La voz de su conciencia le dice: "¡Levántate y predica, que tu voz sea la del Padre, aquella del verbo hecho vida, la que mueve montañas, la fuerza invencible que derriba murallas!"

Todo esto provoca mayor inquietud en Jesús, quien empieza a orar fervorosamente para tranquilizarse, en su meditación y oraciones sabe que no volverá a disfrutar la felicidad vivida hasta este día y que su camino, de ahora en adelante, está envuelto en una nube tenebrosa que lo llevará finalmente al sacrificio por la humanidad. Para su dicha, dentro de esa nube descubre los rostros serenos, tranquilos y llenos de esperanza de sus padres, hermanos, maestros, pero también la del demonio, quien con sus gritos hace temblar la gruta y a la montaña entera exclamando: "¡Insensato, quieres lograr lo imposible!, ¡si ya sabes lo que te espera,!, ¿por qué no renuncias?", al mismo tiempo, la voz interna de Jesús le aconseja: "¡Es necesario hacerlo, por ningún motivo debo flaquear ahora!"

Varios días dura este asomo a los tormentos del infierno, Jesús siente que cae cada vez más profundo en el abismo, que la nube lo envuelve y no lo dejará salir a cumplir su misión, sólo su corazón y la pureza de pensamiento logran sacarlo de este envoltorio maligno, hasta que por fin entra en un estado de éxtasis de luz en el que la parte más profunda de la conciencia logra despertar para comunicarse con el Espíritu viviente de la razón, para vislumbrar el pasado y futuro de la humanidad y de la importancia de que su obra se lleve a cabo hasta el final de su vida como hijo del hombre y la resurrección como Hijo de Dios.

Pero el camino no es fácil ni siquiera en la meditación y el ayuno, ya que las imágenes que contempla cambian de repente y en ellas aparece el mismo Jesús en al altar del templo de Jerusalén, desde donde escucha hermosos him-

Cristo salió victorioso de su encuentro con Satán, quien lo tentó para hacerlo caer de la gracia divina.

nos cantados en su honor, los sonidos de los instrumentos musicales exaltan la alegría que sienten por él y todos unidos en un sólo coro vociferan: "¡Gloria al Mesías, al Hijo de Dios, al rey de Israel!"; entonces, escucha una voz que en cada palabra suena terriblemente a dolor y sufrimiento que le dice.

— *¡Tú serás ese rey, si así lo quieres!*

83

A lo que Jesús responde.

—*¿Quién eres?* Pero el silencio es la única respuesta.

Las imágenes aparecen nuevamente y muestran a Jesús en la cima de la montaña más alta desde donde contempla a todo el mundo, es entonces que escucha otra vez la cavernosa voz del tentador personaje surgido de las tinieblas.

—*Soy el rey de los espíritus y de la Tierra.*

—*Sé quién eres, tus formas son innumerables; tu nombre es Satán. Aparece con tu forma terrestre.* Exige Jesús.

Al instante surge la figura de un aparente ser humano envuelto en una aureola violácea que cubre su cabeza, la mirada es terriblemente dura y maligna y todo el ser está envuelto en una especie de nube sangrienta que resalta más la maldad de este personaje surgido de la oscuridad, entonces dice con voz que hiela las venas.

—*Soy César, si te inclinas ante mí te daré todos los reinos de la Tierra en uno solo.*

—*¡Aléjate seductor!, escrito está que no adorarás más que al Eterno, tu Dios.* Dice Jesús con decisión y convicción en tanto que la figura desaparece entre lejanas risas y voces de dolor.

Una vez disipados los fantasmas y apariciones, el meditador está nuevamente solo en la caverna.

—*¿Cómo venceré los poderes de la Tierra, cuál es el signo?*

Entonces, desde lo alto del cielo escucha una voz suave pero firme.

—*Por el signo del Hijo del Hombre.*

Por lo que el nazareno solicita.

—*¡Muéstrame ese signo!*

De pronto, la gruta se transforma hasta aparecer la bóveda celeste en la que destacan seis estrellas muy brillantes que forman una cruz, este signo es reconocido de inmediato por Jesús, ya que ha sido utilizado en las antiguas iniciaciones egipcias y conservada por los esenios, los mismos hijos de Jafet la han adorado como signo de fuego terrestre y celestial, es el de la Vida con sus goces, del Amor con todas sus maravillas y los iniciados egipcios ven un símbolo del gran misterio, la imagen del sacrificio del Ser sublime que se despedaza a sí para manifestarse al mundo, también simboliza la vida, muerte y resurrección y cubre criptas, tumbas, templos. Este símbolo crece y se acerca a Jesús atraída por su corazón, las seis estrellas aumentan su brillo conforme se acercan al vidente.

— *¡Este es el signo mágico de la vida e inmortalidad!* Dice la voz celestial y agrega

— *Los hombres lo han poseído en otros tiempos y lo han perdido en cada ocasión, ¿quieres devolvérselos?*

— *¡Quiero!* Dice Jesús sin titubear.

— *Entonces, ¡observa bien, éste es tu destino!*

En un instante, las seis estrellas se extinguen para dar paso nuevamente a la oscuridad; de repente, la gruta se abre al mismo tiempo en que se escucha un trueno que estremece la montaña entera y frente a él aparece el Mar Muerto dentro del cual surge una meseta oscura coronada por una cruz negra, en la cual, un hombre agonizante está clavado en ella, abajo, hombres violentos, vestidos de sacerdotes del sanedrín y soldados romanos, gritan eufóricos y con una sonrisa más diabólica que de alegría: "*¡Si eres el Mesías y quieres salvar al mundo, primero sálvate a ti.*" El nazareno abre los ojos a su capacidad mientras retrocede tapándose la boca con el brazo y cubierto por un cruel sudor frío, ya que ese hombre crucificado a quien no puede dejar de ver, ¡es él!

Desde el fondo de su acongojado corazón, Jesús comprende todo, para vencer y reivindicar a la humanidad es preciso morir por ella, incluso, el vidente ya siente los crueles dolores, insultos y blasfemias de los hombres hacia aquel crucificado y el silencio inexpugnable del cielo. En eso, una voz suave y angelical llega hasta los oídos de Jesús diciéndole: "*En ti está vivirlo o evitarlo*", tiene un segundo de duda, el dolor que sigue sintiendo es tan fuerte que lo hace detener la respuesta, hasta que el galileo se levanta lentamente a la vez que extiende sus brazos exclamando: "*¡Sea conmigo la cruz y que el mundo se salve!*"

Jesús cae de rodillas sintiendo aún mucho dolor hasta que alza su cara al cielo y lanza un terrible grito de sufrimiento... a partir de ese momento, el ambiente se hace más ligero, una luz suave azulada ilumina la figura encogida del nazareno que lo tranquiliza y alivia su dolor, después de unos minutos, escucha la voz triunfante de Dios diciéndole: "*¡Satán ya no reina!, ¡la muerte está dominada y es tu aliada!, ¡Gloria al Hijo del Hombre!, ¡Gloria al Hijo de Dios!*"

Jesús ha soportado la gran tentación de evitar su donación como mortal, se enfrentó al príncipe maligno de este mundo y lo ha derrotado. En esta cuarentena memorable, Jesús de Nazaret se convierte en el Príncipe del Universo, muy pronto utilizará lo aprendido para proclamar el nuevo reino de Dios en el corazón de los hombres. Ofrece estos cuarenta días para adaptarse a los cambios de relaciones con el mundo y el universo, Jesús determina los pasos a seguir en la nueva fase de la vida que está a punto de iniciar.

Al terminar su meditación y ayuno por cuarenta días, Jesús ve a su alrededor, en apariencia nada ha cambiado, el sol ilumina algunas partes de la gruta, se detiene para apreciar el impasible Mar Muerto y el hermoso cielo azul que contrasta con la nubes sumamente blancas, todo parece igual, pero no es así, Jesús... ya no es el mismo, conoce su destino y no hay enigmas en su vida que él no conozca, su conciencia está radiante porque sabe que desde ahora, es el Mesías por gracia y decisión irrevocable de su voluntad, también sabe lo difícil y doloroso que será su vida de ahora en adelante, pero lo asume como parte intrínseca de su labor de predicación de la voluntad de su padre, Dios.

Durante estos cuarenta días de aislamiento, Santiago y Juan, los hijos de Zebedeo, buscan a Jesús con desesperación. Muchas veces están a poca distancia del lugar donde

mora, pero nunca llegan a encontrarlo, por la protección
celestial de no ser interrumpido su ayuno.

Al igual que María y José en el templo de Jerusalén,
nadie debe interrumpir al Mesías cuando está en lapsos
importantes de su vida, misma que cambiará la de los
demás, por eso, ni sus padres ni los hijos de Zebedeo encuentran a Jesús sino hasta que él cumple ritos importantes
en su vida terrestre.

Durante su ayuno le es revelado su destino; esta nueva perspectiva de
su futuro le causa gran dolor a Jesús pero acepta su porvenir con gran
resignación.

10

En Galilea

ntes de partir, sabe ciertamente que es hora de predicar el Evangelio del Reino de los Cielos en Galilea, lo cual significa que ya es momento de dar a conocer al mundo y principalmente a la gente sencilla y humilde, de los misterios revelados, de hacer accesible la doctrina de los grandes iniciados como él. Siente una enorme compasión por la humanidad que lo anima a que reciba la luz interna, ese poderoso sentimiento de amor, una enorme fe y una inextinguible energía para su accionar que sólo le pertenecerán a él pero que debe compartir con sus hermanos de la Tierra, el trae la esperanza y la vida.

Una vez fortificado en alma y cuerpo y con su misión ya definida, entendida y asimilada, Jesús inicia su vida de reivindicación del género humano, de atraer las almas que cometen actos malignos contra otras, que roban, asesinan, manipulan, golpean, mienten, que tienen como "logros" su riqueza lograda con base en la explotación del hombre por el hombre, de imponer la fuerza de las armas a las conciencias de los más débiles, reduciéndolos a simples esclavos, esas almas son las que necesitan del Salvador, quien compartirá con ellos el reino del cielo donde habita su Padre, Dios, y en donde se goza la compensación de la felicidad eterna por tanto sufrimiento, o bien, por tanto bien que se hace en vida a los semejantes, a los animales y por consiguiente a la misma naturaleza.

De todos los seguidores de Jesús, Andrés es quien está profundamente impresionado con él y ese día decide comentar al Maestro: "Te he observado desde que viniste a Cafarnaum y aunque no comprendo toda tu enseñanza, estoy plenamente decidido a seguirte; quiero sentarme a tus pies para aprender toda la verdad sobre el nuevo reino" y con un cordial abrazo, Jesús admite a Andrés como el primer apóstol de aquel grupo de doce que trabajará con él en la obra de establecer el nuevo reino de Dios en el corazón de los hombres.

En cuanto ve a su hermano Simón, Andrés le comenta que Jesús ha aceptado su propuesta de servicio y le sugiere que él haga lo mismo, a lo cual Simón dice: "Desde que este hombre vino a trabajar al taller de Zebedeo, creo que ha sido enviado por Dios". Andrés hace señas a Jesús y anuncia que su hermano desea entrar al servicio del nuevo reino. Al acoger a Simón como su segundo apóstol, Jesús le aclama: "Tu entusiasmo es loable, pero peligroso para el trabajo del reino. Te recomiendo que seas más cuidadoso con tus palabras. Deseo cambiar tu nombre por el de Pedro, claro, si estás de acuerdo". Antes de separarse de Andrés y su hermano, Jesús les dice que temprano irán a Galilea.

En tanto que Andrés y Pedro deliberan sobre la naturaleza de su participación en el establecimiento del reino por venir, Santiago y Juan, los hijos de Zebedeo, regresan de su larga e inútil búsqueda de Jesús en las colinas cuando oyen contar a Pedro cómo él y su hermano Andrés se han convertido en los primeros discípulos aceptados del nuevo reino y que van a partir a la mañana siguiente con su nuevo Maestro para Galilea, por lo que Santiago y Juan entristecen, conocen y aman a Jesús desde hace tiempo y después de muchos días buscándolo, regresan para enterarse de que otros han sido escogidos antes que ellos, aflora la naturaleza humana en forma de envidia, por lo que se dan prisa en encontrar a Jesús.

En cuanto están frente a él reclaman.

—*Nosotros, que hemos vivido mucho tiempo contigo y que te queremos y respetamos, ¿cómo es posible que prefieras a otros antes que a nosotros y escoges a Andrés y a Simón (Pedro) como tus primeros discípulos en el nuevo reino?*

San Pedro, cuadro pintado por "El Greco".

A lo que Jesús responde.

—*Tranquilicen sus corazones y pregúntense, ¿quién les ha ordenado buscar al Hijo del Hombre mientras se dedica a los asuntos de su Padre?*

Jesús les indica.

—*Deberán aprender a buscar el secreto del nuevo reino en sus corazones y no en las colinas. Aquello que buscan ya está presente en sus almas, en verdad son mis hermanos, no necesitan que yo los acepte, ya pertenecen al reino. Guarden buen ánimo y prepárense para acompañarnos mañana a Galilea.*

Juan pregunta.

—*Pero, Maestro, ¿Santiago y yo seremos tus discípulos en el nuevo reino, como lo son Andrés y Simón?*

Jesús coloca una mano en el hombro de cada uno de ellos y dice.

—*Hermanos míos, ya están conmigo en el espíritu del reino, incluso antes de que los otros solicitaran ser admitidos. Ustedes, mis hermanos, no tienen ninguna necesidad de presentar una petición para entrar en el reino; están conmigo en el reino desde el principio. Ante los hombres, otros pueden tener prioridad, pero mi corazón ya cuenta con ustedes para los consejos del reino. También pudieron haber sido los primeros ante los hombres, si no se hubieran ausentado para dedicarse a la tarea bien intencionada, pero impuesta por ustedes, en buscar a alguien que no estaba perdido.*

Santiago y Juan aceptan la reconvención de buena gana y con gran gusto se preparan para salir a la mañana siguiente.

Felipe y Natanael

Aquel día, Jesús y sus cuatro discípulos-apóstoles parten para Galilea, antes de cruzar el Jordán para ir a Nazaret, miran por el camino a Felipe de Betsaida que viene hacia ellos con su amigo Natanael y siente mucho gusto de saludar a sus amigos.

Pedro comenta a Felipe que todos ellos se han vuelto compañeros y discípulos de Jesús en el nuevo reino e invita a Felipe a que se ofrezca para este servicio, pero la propuesta coloca a Felipe en conflicto; ¿qué debe hacer?, ha surgido el momento de la decisión más importante de su vida y debe ser inmediata, al ver la duda en Felipe, Andrés le sugiere: "¿Por qué no le preguntas al Maestro?" Repentinamente, Felipe descubre que Jesús es realmente un gran hombre, posiblemente el Mesías y decide atenerse a lo que él decida en este asunto; va hacia él y pregunta.

—*Maestro, ¿debo ir hasta Juan o unirme a mis amigos que te siguen?*

Y Jesús responde sin titubear y sin dejar lugar a duda alguna.

—*¡Sígueme!*

—*¡Así lo haré desde ahora!*

Felipe se apresura a revelar su decisión a su amigo Natanael, quien reflexiona sobre todas las cosas que ha escuchado respecto a Juan el Bautista, el reino por venir y el Mesías esperado, Felipe interrumpe la meditación, exclamando.

—*¡He encontrado al Libertador, aquel de quien han escrito Moisés y los profetas y a quien Juan ha proclamado!*

Natanael inquiere.

—*¿De dónde viene ese maestro?*

Y Felipe replica.

—*Es Jesús de Nazaret, el hijo de José, el carpintero, que reside desde hace poco en Cafarnaum.*

Entonces Natanael, un poco sobresaltado, pregunta.

—*¿Un enviado directo de Dios puede salir de Nazaret?*

Pero Felipe no hace caso, lo toma del brazo y dice.

—*Ven a ver.*

Felipe conduce a su amigo hasta Jesús, quien los mira bondadosamente y dirigiéndose a Natanael dice.

—*He aquí a un auténtico israelita, en quien no hay falsedad. ¡Sígueme!*

Natanael, volviéndose hacia Felipe, comenta.

—*Tienes razón. Es en verdad un maestro de hombres. Yo también le seguiré, si soy digno.*

Jesús lo afirma, diciéndole de nuevo.

—*¡Sígueme!*

Con esta acción, Jesús ha reunido a la mitad de sus discípulos incluso antes de llegar a Nazaret.

Tiempo después, Pedro divulga la noticia del arresto de Juan, y como si esto fuera una señal, Jesús comenta: "La hora del Padre ha llegado. Preparémonos para proclamar el evangelio del reino. He venido para proclamar el establecimiento del reino del Padre. Este reino incluirá a las almas adoradoras de judíos y gentiles, ricos y pobres, de hombres libres y esclavos, porque mi Padre no hace excepción de personas; su amor y su misericordia son para todos. El Padre que está en los cielos envía su espíritu para que habite en la mente de los hombres y cuando yo termine mi obra en la tierra, el Espíritu de la Verdad será igualmente derramado sobre todo el género humano.

"El espíritu de mi Padre y el Espíritu de la Verdad los establecerán en el reino venidero de comprensión espiritual y de rectitud divina. Mi reino no es de este mundo. El Hijo del Hombre no conducirá los ejércitos a la batalla para establecer un trono de poder o un reino de gloria terrenal. Cuando llegue mi reino, conocerán al Hijo del Hombre como el Príncipe de la Paz, como la revelación del Padre eterno. Los hijos de este mundo luchan por establecer y ampliar sus reinos, pero mis discípulos entrarán en los cielos por medio de sus decisiones morales y victorias espirituales y una vez que hayan entrado, encontrarán la alegría, la rectitud y la vida eterna.

"Aquellos que intentan entrar en el reino y empiezan a esforzarse por conseguir una nobleza de carácter semejante a la de mi Padre, pronto poseerán todo lo demás que necesitan. Pero les digo con toda sinceridad: a menos que traten de entrar en el reino con la fe y la dependencia confiada de

Cristo cree firmemente en la voluntad y fuerza de sus discipulos, sabe que entrarán en el reino de su padre por sus victorias espirituales.

un niño pequeño, no serán admitidos de ninguna manera. No se dejen engañar por aquellos que dicen que el reino está aquí o allá, porque el reino de mi Padre no tiene nada que ver con lo visible y material. Este reino ya se encuentra ahora entre ustedes, porque allí donde el espíritu de Dios enseña y dirige al alma del hombre, allí está en realidad el reino de los cielos. Y este reino de Dios es rectitud, paz y alegría en el Espíritu Santo.

"Juan los ha bautizado verdaderamente en señal de arrepentimiento y para la remisión de sus pecados, pero cuando entren en el reino celestial, serán bautizados con el Espíritu Santo. En el reino de mi Padre no habrá judíos ni gentiles, sino únicamente aquellos que buscan la perfección a través del servicio, porque declaro que aquel que quiera ser grande en el reino de mi Padre, deberá convertirse primero en el servidor de todos. Si están dispuestos a servir a sus semejantes, los sentaré conmigo en mi reino, al igual que yo me sentaré dentro de poco con mi Padre en su reino por haber servido en la similitud de la criatura."

Cuando termina Jesús, todos los que le oyen se quedan asombrados con sus palabras. Sus discípulos están maravillados, pero la gente no está preparada para recibir la buena nueva de labios de este Dios-Hombre, por lo que un tercio de sus oyentes cree en el mensaje, aun cuando no pueden comprenderlo totalmente; otro tercio rechaza el concepto puramente espiritual del reino esperado, mientras que el resto no capta nada de su enseñanza y creen que ha perdido el juicio.

Formación de los mensajeros del reino

Después de este sermón, Jesús reúne a los seis apóstoles para exponerles sus planes para visitar las ciudades situadas alrededor y en las proximidades del Mar de Galilea. Les pide que salgan de dos en dos para enseñar la buena nueva del reino pero sin bautizar ni predicar públicamente, ya que es necesario que adquirieran experiencia práctica en el trato personal y de respeto con sus semejantes.

Antes de empezar, Jesús anuncia que desea ordenar a doce apóstoles para que continúen el trabajo del reino después de su partida y autoriza a cada uno de ellos para que elija, entre sus primeros conversos, a un hombre destinado a formar parte del cuerpo apostólico.

Esta primera gira misionera de los seis es reconfortante y aleccionadora, ya que descubren el gran valor del contacto directo y personal con los hombres, también comprenden que la religión es totalmente un asunto de experiencia personal y que la gente del pueblo tiene hambre de escuchar palabras de consuelo y aliento espiritual. Cuando se reúnen alrededor de Jesús, todos comentan sobre sus proposiciones para los seis nuevos apóstoles.

Los recién elegidos son:

Mateo, recaudador de derechos de aduana de Cafarnaum. Elegido por Andrés.

Tomás, pescador de Tariquea, carpintero y albañil en Gadara. Ha sido elegido por Felipe.

Santiago, pescador y agricultor de Jeresa, es elegido por Santiago Zebedeo.

Judas Alfeo, hermano gemelo de Santiago Alfeo, también pescador, es elegido por Juan Zebedeo.

Simón, alto funcionario de la organización patriótica de los celotes y comerciante, cargo que abandona para unirse a los apóstoles de Jesús. Es escogido por Pedro.

Judas Iscariote, hijo único de padres judíos ricos que viven en Jericó y que por unirse a Juan el Bautista, sus padres saduceos lo rechazan. Busca trabajo cuando Natanael lo invita a unirse.

De inmediato parten para visitar a Mateo quien los espera impaciente; al acercarse a su casa, Jesús y Andrés se adelantan, el Maestro mira de frente a Mateo y le dice: "¡Sígueme!"; de inmediato Mateo se levanta y lleva a Jesús y a los apóstoles hasta su sala. Mateo comenta a Jesús del banquete que ha preparado para aquella noche, diciendo que desea al menos ofrecer esta cena a su familia y a sus amigos y si él está de acuerdo en ser el invitado de honor. Jesús afirma.

Después, todos acompañan a Pedro a visitar a Simón el Celote a quien al encontrarlo Jesús, lo saluda efusivamente pero al que únicamente le dice: "¡Sígueme!", y regresan a la casa de Mateo para la cena.

Judas Iscariote desempeñaría un papel básico en la vida del Nazareno y en su muerte; la historia ha sido injusta con este personaje quien tal vez estaba predestinado a traicionar a Cristo y así cumplir la voluntad de Dios.

Los gemelos

Al día siguiente, los nueve parten para efectuar el llamamiento formal de los dos apóstoles siguientes, Santiago y Judas, los hijos gemelos de Alfeo. Los hermanos pescadores esperan la llegada de Jesús y sus apóstoles, por ello los están esperando en la orilla del río. Santiago Zebedeo presenta al Maestro a los pescadores de Jeresa; Jesús los mira fijamente y los invita: "¡Síganme!"

Al reunir a los apóstoles, Jesús les explica: "Todos los hombres son mis hermanos. Mi Padre celestial no desprecia a ninguna de las criaturas. El reino de los cielos está abierto a todos los hombres y a todas las mujeres. Nadie debe cerrar la puerta de la misericordia en la cara de un alma hambrienta que está intentando entrar. Nos sentaremos a comer con todos los que deseen oír hablar del reino. Cuando nuestro Padre celestial contempla a los hombres desde arriba, todos son iguales. Así pues, no se nieguen a partir el pan con fariseos, pecadores, saduceos, romanos, judíos, ricos, pobres, con hombres libres o esclavos, ya que la puerta del reino está abierta de par en par para todos los que deseen conocer la verdad y encontrar a Dios".

Tomás y Judas

Tomás el pescador y Judas el errante se encuentran con Jesús y los apóstoles y Felipe presenta a Tomás como su candidato para el apostolado y Natanael a Judas Iscariote, el judío, para un honor similar. Jesús mira a Tomás y le dice: "Tomás, te falta fe; sin embargo, te recibo. ¡Sígueme!" Al último candidato, el Maestro le comenta: "Judas, todos somos de la misma carne y al recibirte entre nosotros, ruego porque seas siempre leal con tus hermanos y no esperes de los demás lo que no estás dispuesto a dar ni creas que los demás actuarán de acuerdo con tus creencias sino con las que ellos tengan. ¡Sígueme!"

Al día siguiente parten para Cafarnaum. Jesús pasa una jornada tranquila con sus discípulos, les explica cuidadosamente cómo proclamar el reino y la importancia de evitar todo conflicto con las autoridades civiles y militares, diciéndoles: "Si es pertinente censurar a los gobernantes, déjenme esa tarea. Procuren no hacer acusaciones contra el César o sus servidores, aún no es tiempo".

Jesús se esfuerza en aclarar a sus apóstoles la diferencia entre sus enseñanzas y su vida como humano, por lo que les dice: "Mi reino y el evangelio relacionado con él serán lo esencial del mensaje. No se desvíen predicando sobre mí y sobre mis enseñanzas. Proclamen el evangelio del reino y describan mi revelación del Padre celestial, pero no caigan en el error de crear leyendas y construir un culto que tengan relación con mis creencias y enseñanzas".

Hay una sola motivación en la vida de Jesús después de su bautismo, llevar a cabo una revelación mejor y más verdadera de su Padre celestial, él es el pionero del camino nuevo y mejor hacia Dios, de la fe y el amor. Su exhortación a los apóstoles siempre es: "Busquen a los pecadores; encuentren a los abatidos y reconforten a los que están llenos de preocupaciones".

Pero no es fácil para estos doce hombres rudos y poco instruidos entender las palabras del Maestro, por lo que Pedro, Santiago y Judas Iscariote hablan con Jesús interrogándolo.

— *Maestro, venimos a petición de nuestros compañeros para preguntar si no es ya el momento adecuado para entrar en el reino. ¿Vas a proclamar el reino en Cafarnaum o nos trasladaremos a Jerusalén? ¿Y cuándo sabremos, cada uno de nosotros, los puestos que vamos a ocupar contigo en el establecimiento del reino...?*

Pero Jesús levanta una mano indicándoles que guarden silencio y les dice con voz severa.

—*Hijos míos, ¡cuánto tiempo debo ser condescendiente con ustedes! ¿No les he aclarado que mi reino no es de este mundo? He dicho muchas veces que no vengo para sentarme en el trono de*

David; entonces, ¿cómo es que me preguntan cuál es el lugar que ocupará cada uno de ustedes en el reino del Padre? ¿No comprenden aún que los he llamado como embajadores de un reino espiritual? ¿No perciben que muy pronto van a representarme en el mundo y en la proclamación del reino, como yo represento ahora a mi Padre que está en los cielos? ¿Es posible que los haya elegido e instruido como mensajeros del reino, y que sin embargo no comprendan la naturaleza y trascendencia de este reino venidero de supremacía divina en el corazón de los hombres?

Amigos míos, escúchenme una vez más, desechen la idea de que mi reino es un gobierno de poder o un reinado de gloria. En verdad les digo que todos los poderes en el cielo y en la tierra pronto serán puestos entre mis manos, pero no es voluntad del Padre que utilicemos esta dotación divina para glorificarnos durante esta época. En otro tiempo, los sentaré verdaderamente conmigo en poder y en gloria, pero ahora es nuestro deber someternos a la voluntad del Padre y obedecer humildemente ejecutando su mandato en la tierra.

Primera labor

Jesús continúa enseñando a predicar el perdón de los pecados mediante la fe en Dios, sin penitencias ni sacrificios y que el Padre que está en los cielos ama a todos sus hijos con el mismo amor eterno, por lo que, cuando reúnen a la gente para hablarles de la palabra de Dios, se maravilla con las enseñanzas y el ministerio de Jesús y sus apóstoles, ya que contrastan con lo que los rabinos han enseñado durante mucho tiempo a los judíos, que los ignorantes no pueden ser ni piadosos ni justos. Pero los apóstoles de Jesús si son piadosos y justos y sin embargo, ignoran alegremente gran parte de los conocimientos de los rabinos y de la sabiduría del mundo.

Los discípulos rápido aprenden que el Maestro tiene profundo respeto y consideración por cada ser humano con quien se encuentra y están impresionados por esta consideración democrática e invariable que concede permanentemente a toda clase de hombres, mujeres y principalmente a los niños. Él es capaz de detener una profunda prédica para ir al encuentro de las personas y darles palabras de aliento, nada es tan importante para Jesús como el ser humano que se encuentra casualmente en su presencia. Es maestro, instructor y también amigo, vecino y compañero comprensivo.

Durante sus prédicas públicas, siempre las interrumpe para responder a las preguntas sinceras, por supuesto, esto provoca que al principio los apóstoles se escandalicen porque Jesús trata amable, compasivo y comprensivamente a las mujeres, por lo que él les explica perfecta y claramente que, en el reino de Dios como en la Tierra hay que conceder a las mujeres los mismos derechos que a los hombres y de ser posible, con más.

Enseñanza final

Antes de su labor pastoral, Jesús habla a los doce discípulos que están sentados a su alrededor: "Hermanos míos, la hora del reino ha llegado, cada uno de ustedes ha aprendido más sobre el reino de mi Padre, pero en este momento tengo algo más que decirles. El nuevo reino está a punto de establecerse en el corazón de sus hijos terrestres y está destinado a ser un dominio eterno. Solemnemente declaro que mi Padre no es el Dios de los judíos o de los gentiles, es el Señor del Universo y no tiene favoritos, por lo que muchos vendrán del este y del oeste para sentarse con nosotros en el reino del Padre, mientras que muchos hijos de Abraham y Moisés se negarán a entrar en esta nueva hermandad. El poder de este reino no consiste en el número, fuerza de los ejércitos ni en la cantidad de riquezas, sino en la gloria del espíritu divino que vendrá a enseñar la mente y dirigir el corazón de los ciudadanos renacidos de este reino celestial: los verdaderos hijos de Dios.

"Esta es la fraternidad del amor donde reina la rectitud y cuyo grito será: *¡Paz en la tierra y buena voluntad entre todos los hombres!* Este reino, que muy pronto van a proclamar, es el deseo de los hombres de bien de todos los tiempos, la esperanza de toda la tierra y el cumplimiento de las sabias promesas de todos los profetas. Pero en verdad les digo que no todo el que dice *Señor, Señor,* entrará en el reino de los cielos, sino más bien aquel que hace la voluntad de mi Padre Celestial."

Hermandad

Jesús indica a los doce mortales que acaban de escuchar su declaración sobre el reino, que se arrodillen en círculo alrededor de él, después, coloca sus manos sobre la cabeza de cada apóstol y los bendice, extiende sus manos al cielo y reza: "Padre mío, aquí te traigo a estos hombres, mis mensajeros. Entre nuestros hijos de la tierra, he escogido a estos doce para que vayan a representarme como yo he venido para representarte. Ámalos y acompáñalos como tú me has amado y acompañado, concédeles sabiduría mientras deposito todos los asuntos del reino venidero entre sus manos. Deseo, si es tu voluntad, permanecer algún tiempo en la tierra para ayudarlos en su trabajo por el reino. Te doy las gracias, Padre mío, por estos hombres y los confío a tu cuidado mientras me dedico a terminar la obra que me has encomendado.

"Los envío para proclamar la libertad a los cautivos espirituales, la alegría a los esclavos del temor y para curar a los enfermos de acuerdo con la voluntad de mi Padre. Cuando encuentren a mis hermanos en la aflicción, díganles palabras de estímulo como éstas: Bienaventurado el espíritu de los pobres, los humildes, porque de ellos son los tesoros del reino de los cielos. *Bienaventurados los que tienen hambre y sed de rectitud, porque ellos serán saciados. Bienaventurados los mansos, porque heredarán la tierra. Bien-*

aventurados los limpios de corazón, porque ellos verán a Dios.
Digan también a mis hijos estas palabras de consuelo espiritual y promesa: *Bienaventurados los afligidos, porque ellos serán consolados. Bienaventurados los que lloran, porque ellos recibirán el espíritu de la alegría. Bienaventurados los misericordiosos, porque ellos alcanzarán misericordia. Bienaventurados los pacificadores, porque ellos serán llamados hijos de Dios. Bienaventurados los perseguidos a causa de su rectitud, porque de ellos es el reino de los cielos.*

"Los envío al mundo para que me representen y actúen como embajadores del reino de mi Padre. Cuando proclamen la buena nueva, pongan su confianza en el Padre, de quien son mensajeros. No resistan a la injusticia por medio de la fuerza; no pongan su confianza en el vigor corporal. Si alguien los golpea en la mejilla derecha, ofrézcanle la izquierda. Estén dispuestos a sufrir una injusticia en lugar de acudir a la ley y atiendan con bondad y misericordia a todos los que están afligidos y necesitados.

"Amen al enemigo, hagan el bien a los que los odian, bendigan a los que los maldicen y oren por los que los utilizan con malicia. Hagan por los humanos todo lo que crean que yo haría por ellos. Es necesario ponerlos en guardia contra los falsos profetas que vendrán hacia ustedes vestidos de cordero, mientras que por dentro son como lobos voraces. Por sus frutos los conocerán, por eso, en el gran día del juicio del reino, muchos me dirán: *¿No hemos profetizado en tu nombre y hemos hecho muchas obras maravillosas por tu nombre?* Pero yo les diré: *Nunca los he conocido; apártense de mí, son falsos educadores.* Pero todo aquel que escuche esta instrucción y ejecute sinceramente su misión de representarme ante los hombres, como yo represento a mi Padre ante ustedes, encontrará una entrada abundante a mi servicio y en el reino del Padre celestial".

La arenga de Jesús ante los doce apóstoles constituye una filosofía magistral de la vida. Los exhorta a ejercitar una fe experiencial para que no se limiten a depender de un asentimiento intelectual, de la credulidad o de la autoridad establecida.

Jesús abunda en su alocución: "Exijo de ustedes una rectitud que sobrepasará a la de aquellos que intentan obtener el favor del Padre con limosnas, oraciones y ayunos. Si quieren entrar en el reino, tendrán una rectitud basada en amor, misericordia, verdad y el deseo sincero de hacer la voluntad de mi Padre".

Natanael pregunta.

—*Maestro, ¿vamos a dejar algún lugar para la justicia? La ley de Moisés dice: ojo por ojo y diente por diente. ¿Qué vamos a decir nosotros?*

Y Jesús contesta.

—*Ustedes devolverán el bien por el mal. Mis mensajeros no deben luchar y pelear con armas con los hombres, sino ser dulces con todos. Su regla no será medida por medida. Los gobernantes de los humanos pueden tener tales leyes, pero no es así en el reino celestial; la misericordia determinará siempre su juicio y el amor, su conducta. Y si estas afirmaciones les parecen duras, aún pueden decir que no a la predicación de la Palabra de mi Padre. Si los requisitos del apostolado los encuentran demasiado duros, pueden volver al camino menos riguroso.*

Al escuchar estas palabras sorprendentes, los apóstoles no saben que decir, hasta que Pedro comenta.

—*Maestro, queremos seguir contigo; ninguno de nosotros quiere volver atrás. Estamos plenamente preparados para pagar el precio adicional; beberemos la copa. Queremos ser apóstoles, no simplemente discípulos.*

Cuando Jesús escucha esto, les explica.

—*Entonces, estén dispuestos a asumir sus responsabilidades y a seguirme. Hagan sus buenas acciones en secreto; cuando den una limosna, que la mano izquierda no sepa lo que hace la mano derecha, cuando oren, háganlo a solas y no utilicen vanas repeticiones y frases sin sentido. Recuerden siempre que el Padre sabe lo que necesitan, incluso, antes de que se lo pidan. No acumulen tesoros en la tierra, sino que, mediante su servicio desinteresado, guarden tesoros en el cielo, porque allí donde estén sus tesoros, también estará su corazón.*

Tomás pregunta.

—¿*Debemos continuar teniéndolo todo en común?*

La incredulidad de Santo Tomás, obra de Gerard van Honthorst.

El Maestro contesta.

—*Sí, hermanos míos, quiero que vivamos juntos como una familia. Una gran obra se les ha confiado y deseo su servicio unitario, ya que Nadie puede servir a dos señores a la vez. No pueden adorar sinceramente a Dios y estar al servicio del dinero de todo corazón. Han aprendido que manos serviciales y corazones diligentes no pasan hambre, tengan la seguridad de que el Padre no se olvida de sus necesidades, por eso, no se preocupen demasiado por el mañana, a cada día le basta su propio anhelo.*

11

Misión pública

Los doce apóstoles parten de Betsaida a Jerusalén para asistir a la fiesta de la Pascua. Cafarnaum no está lejos de Tiberiades y la fama del Mesías se ha propagado ampliamente por toda Galilea e incluso más allá. Jesús sabe muy pronto que Herodes pondrá atención a su obra; por eso piensa que es mejor viajar hacia el sur y entrar en Judea con sus apóstoles.

A Jesús lo esperan impacientes cientos de personas que han acudido a escucharlo, muchas de ellas llegan de Perea y Judea y han sido bautizadas por Juan, por lo que están interesadas en saber más sobre las enseñanzas del nuevo Mesías.

El Maestro posee una gran sabiduría y una integridad perfecta en sus relaciones con sus discípulos, es realmente un catedrático de humanos por lo que ejerce enorme influencia sobre los demás a causa de la fuerza y el encanto de su personalidad. Persuade espiritualmente por su forma de adiestrar, colmada de dominio, con lógica aguda, a la fuerza de su frases, en su penetrante inteligencia, en su brillante serenidad y excepcional tolerancia; además es humilde, íntegro y decidido. Junto a toda esta influencia manifiesta del Maestro, también destacan los encantos espirituales de sencillez, misticismo, bondad, amabilidad y naturalidad.

Jesús, con su ejemplo en cada una de sus acciones, logra la conquista como recompensa al sacrificio del orgullo y egoísmo, ya que cuando muestra sensibilidad, libera al espíritu de rencor, agravios, rabia, ambición de poder y venganzas maliciosas, por lo que cada día, las personas que lo siguen y escuchan, sobre todo los apóstoles, ponen todos sus sentidos a la labor de curar a los enfermos, no únicamente de padecimientos del cuerpo, sino además, del alma.

Jesús no pide a los demás acciones que él no está dispuesto a llevar a cabo o que ya ha realizado, que vivan ejemplarmente para cuando los demás humanos vean sus vidas como ejemplares y se vuelvan fieles al reino. Todos los examinadores de la verdad sinceros, están gozosos por escuchar la buena nueva de la gracia de la fe, la cual asegura la admisión en el reino a quien la siga sinceramente. Jesús señala, sin lugar a dudas, que está en la Tierra para edificar relaciones personales y eternas de hermandad espiritual íntima, que debe extenderse a todos los humanos de todas las épocas, de todas las condiciones sociales, de todos los pueblos, así: *Conocerán la verdad y esta, los hará libres.*

Para estar seguro de que Dios, su Padre, será reconocido, Jesús puntualiza que prefiere iniciar su labor con los pobres, la clase que precisamente ha sido despreciada por la mayoría de las religiones de épocas anteriores y esa acción, él no se la permite ya que su aspiración es universal. Este modelo de vida se acerca a la máxima perfección, incluso a la bondad infinita del Padre Universal.

Con estos sólidos argumentos del espíritu, mente y corazón de Jesús, los apóstoles reconocen la amistad sin engaños por parte del Maestro. Juan percibe claramente que, con todo y sus atributos divinos, Jesús es humano, que vive como un hombre entre los hombres, los comprende, ama y sabe cómo guiarlos y esto lo anima para continuar con su labor de apóstol del Hijo de Dios.

Hacia Jerusalén

Jesús y sus discípulos emprenden la subida de las colinas hacia Jerusalén, es la primera vez que el Maestro y los doce se encuentran en este sitio todos juntos. Durante todo ese tiempo, cada día, Jesús o uno de los apóstoles revelan la palabra de Dios en el templo y de lo más importante de sus palabras, destacan que:

➤ El reino de Dios está cerca.

➤ La fe en Dios es la llave que permite entrar en el reino de los cielos.

➤ El amor es la máxima veneración a Dios y está íntimamente ligado al amar al prójimo como a nosotros mismos.

➤ El cumplimiento total de la voluntad de Dios.

Las multitudes, al escuchar estas enseñanzas, sienten alegría en todos ellos, por lo que los sacerdotes y dirigentes judíos empiezan a interesarse y preocuparse mucho por Jesús y la gente que lo sigue y proclama. Este es el principio difusor del evangelio del reino en el mundo exterior, el arduo trabajo no se limitará únicamente a Palestina.

Una de las enseñanzas que Jesús predica se refiere a la certeza en la promesa, de él y sus apóstoles, sobre una nueva vida tanto en la Tierra como en el cielo: "En cuanto a mi mensaje y a las enseñanzas de mis discípulos, deben juzgarnos por nuestros frutos, si pregonamos la verdad del espíritu, éste atestiguará en sus corazones que nuestra misión es genuina. En cuanto al reino y a la seguridad de que serán aceptados por el Padre celestial, permítanme preguntar: ¿existe un padre merecedor de ese nombre y de buen corazón, que mantenga a su hijo en el dilema en cuanto a su posición dentro de la familia o a la seguridad en el afecto del corazón de su padre? ¿Acaso los padres gozan martirizando a los hijos con titubeos sobre el lugar que ocupan en el amor permanente de su corazón humano?

"Nuestro Padre que está en el cielo, tampoco deja a sus hijos, nacidos del espíritu por la fe, en duda sobre su posición en el reino. Si reciben a Dios como su Padre, entonces sí que son en verdad los hijos de Dios. Y si son sus hijos, entonces están seguros de la posición y el lugar de todo lo concerniente a la procedencia eterna y divina. Si hacen la voluntad del Padre que está en el cielo, nunca dejarán de conseguir la vida eterna de progreso en el reino divino".

En cada oportunidad, la gente permanece muchas horas con Jesús, haciendo preguntas y escuchando atentamente sus respuestas reconfortantes; además, estas cátedras del Maestro animan aún más a los apóstoles a predicar el evangelio del reino con más fuerza y seguridad, por si no es suficiente, la habilidad adquirida en Jerusalén es una gran iluminación para los doce. Es su primer contacto con una enorme cantidad de personas, por lo que asimilan muchas valiosas lecciones que resultarán muy provechosas en su labor a futuro.

Jesús conoce perfectamente la naturaleza humana, nunca dice que es el Mesías, siempre son los demás quienes se lo atribuyen al verlo y escucharlo en las sinagogas, al discutir sobre las leyes y profetas, predicando en las riberas del lago Genezareth, en las embarcaciones de los pescadores, en las refrescantes fuentes, en los extraños oasis que verdean el desierto, pero no sólo eso, también empieza a sanar enfermos con la sola imposición de manos, con una mirada, por una orden, con su presencia e incluso a distancia únicamente con la fe de las personas en el Hijo de Dios.

Con el tiempo, la fama de Jesús crece por su presencia, palabra y milagros, las concentraciones humanas cada vez son mayores así como los discípulos que lo acompañan a todos los lugares y tienen la firme creencia de que él es el Mesías, aunque siga sin reconocerlo explícitamente el mis-

La curación del paralítico, obra de Murillo.

mo nazareno. Desde luego, los seguidores aumentan en cada comunidad que visita, principalmente porque hay gente muy humilde, como pescadores, campesinos, artesanos, carpinteros y esto lo satisface mucho, porque quiere seres humanos rectos, fervorosos y creyentes quienes finalmente serán convencidos por la palabra del Hijo del Hombre.

A veces, ni siquiera es necesario escucharlo o estar cerca de él, con una mirada sabe de qué está hecha el alma de hombres, mujeres y niños y cuando ésta llama su atención, basta decirle "¡Sígueme!", para que estos cuerpos y almas lo acompañen sin ningún reparo o pretexto. Con esta postura, Jesús convence a los indecisos, aturdidos, miedosos y confusos y más cuando escuchan decirles: "¡Vengan a mí los que sufren, yo los aliviaré, porque mi yugo es ligero y la carga liviana!" Con él no hay profesión de fe ni juramentos, únicamente amor hacia su Padre, Dios, él y la certeza de su misión.

En la montaña

En la exhortación de la montaña, Jesús ha ofrecido una imagen de ese reino ya formador, por lo que los aspirantes a escuchar la palabra del Maestro están expectantes, saben que para asimilar esta enseñanza que están a punto de tener, deben escuchar no con el órgano físico del oído, sino con el corazón del espíritu que desea ser libre y justo en pensamiento, palabra y obra. Todos los asistentes esperan impacientemente la voz del nazareno quien finalmente les exhorta en señal de bienvenida: "Dichosos los espíritus en pobreza material, porque de ellos es el reino de los cielos, bienaventurados los que lloran, porque serán reconfortados".

El orador hace pausa viendo y esperando que la gente comprenda lo que acaba de decir y agrega: "Hay cuatro virtudes que causan daño y aflicción; el poder maravilloso de la humanidad, la pena por el infortunio humano, la generosidad íntima del corazón y el hambre de sed y justicia. También hay virtudes radiantes, activas y triunfantes; como la generosidad, la pureza de corazón y la bondad al actuar en la vida y la relación con el prójimo. ¡Dichosos los de corazón puro, porque ellos verán a Dios!"

La multitud, casi en éxtasis, absorbe las palabras del Maestro, se sienten unidos y perciben el perfume del reino divino, saben que lo más hermoso es que está en el alma de quienes escuchan, están maravillados, ya que entienden perfectamente que, aquellos que poseen espíritu noble en la pobreza ¡ya son prósperos, más fuertes que Moisés y los mismos romanos!, las palabras de Jesús hacen efecto positivo en corazones y almas de sus seguidores, se dan cuenta que ¡el paraíso, la morada de Dios, está en el interior de ellos!, descubren que están dispuestos a llevar a cabo todo lo que el Hijo de Dios les pida, como olvidar agravios, eliminar todo deseo de maldad y venganza y lo mejor, amar al prójimo y a los enemigos.

Cuando él habla, todo es sencillo, comprenden que la vida interior del alma está sobre todas las acciones exteriores, lo invisible sobre lo visible, el reino de Dios sobre los bienes del mundo, no hay lugar para dudas: "Estás con Dios o con Mammon y si es lo primero, entonces Ama a tu prójimo como a ti mismo y sé tan perfecto como lo es el Padre celestial".

Con acciones y expresiones, modifica conceptos y credos, explica clara y rotundamente la profundidad moral y científica, aunque muchos no comprendan cómo amar a los romanos o a los egipcios en lugar de pelear a muerte contra ellos si es indispensable, pero descubren que el supremo mandamiento es reproducir en el alma la perfección divina. Quienes han escuchado a Jesús, marchan tranquilos, reconfortados y animosos a sus hogares, quieren poner en práctica, sinceramente, las enseñanzas del Mesías y lograr así, un lugar en el reino de Dios.

Nicodemo

Pero no todo es perfecto en la relación de Jesús y los demás seguidores, pues muchos creen porque han visto sus milagros, pero él no puede confiar en todos y el siguiente hecho es un ejemplo de ello. De entre los fariseos, Nicodemo es un varón principal pero un tanto cobarde, ya que visita a Jesús durante la noche, para no ser descubierto por sus compinches y comenta.

—*Maestro, yo sé que eres enviado de Dios, ya que nadie puede hacer los milagros que tú haces, a no ser que tengas a Dios contigo.*

A lo que responde el nazareno.

—*Pues en verdad te digo que quien no nazca de nuevo no puede ver el reino de Dios.*

A lo que Nicodemo argumenta.

—*¿Cómo puede nacer un hombre, siendo ya un viejo?, ¿puede acaso entrar otra vez en el seno de su madre para renacer?*

—*En verdad te digo que quien no renazca del agua y el Espíritu, no puede entrar en el reino de Dios.* Insiste Jesús y agrega:

—*Lo que ha nacido de la carne, carne es; más lo que nace del Espíritu, es Espíritu.*

Lo que el fariseo no entiende es que Jesús da a entender, en forma simbólica, la doctrina de la regeneración, ya que renacer por el agua es, sencillamente, la mejor manera de nombrar al bautismo, al que él ya se ha sometido; es una especie de muerte espiritual terrenal para renacer al espíritu celestial, es la verdad descubierta por la razón en forma abstracta y dialéctica total, pero verdad al fin, ya que el agua purifica el alma y hace que la semilla del espíritu germine para bien.

Al decir que *lo que nace de la carne es carne*, significa que es efímero y mortal; y lo que nace del espíritu es espíritu, es, sencillamente, libre y eterno, por lo tanto, el bautismo a través del agua es un inicio de renacimiento integral y absoluto, de ahí los enormes poderes otorgados a los humanos recién nacidos por este sacramento, deja una parte terrenal para integrarse a la celestial, que le viene por naturaleza divina; sin embargo, Jesús reprocha a Nicodemo que, aún siendo maestro no entienda esta parte esotérica y divina del bautismo. En el esoterismo puro, el agua es antiquísimamente elemental en la transformación y representa y personifica a la materia fluida eternamente moldeable, así como el fuego simboliza el espíritu de uno.

El bautismo de Cristo, Giotto.

Nicodemo y Jesús, en su diálogo, representan las dos partes de esta prédica del lugar donde vive Dios, ya que el primero representa a gran parte de la humanidad y el segundo, el porvenir de vida eterna en el reino de Dios o paraíso, pero lamentablemente, el fariseo no entiende la parte más simple y sencilla del bautismo. En este lugar de la fe, el ser humano también es una trinidad: cuerpo, la parte divisible y efímera; espíritu, inmortal e indivisible, y el alma, que participa en ambas naturalezas, ya que es un entidad viva que posee figura etérea y fluida, igual a la material y que le da vida, impulso y unidad.

Ya sea que los humanos se subordinen a las sugerencias del espíritu o a las tentaciones y pasiones del cuerpo y según la preferencia de cada uno, el cuerpo fluido se eteriza o solidifica, consolida o pulveriza, por eso, con la muerte del cuerpo físico casi todos los humanos padecen otra muerte, la del alma, para disolver elementos impuros en el cuerpo astral, mientras que los individuos completamente regenerados, quienes formaron y conformaron el cuerpo espiritual desde su vida en la Tierra, ya disfrutan el cielo y son bienvenidos a la zona a la que son atraídos por afinidad.

La familia

Después del activo periodo de enseñanza y de trabajo personal durante la semana pascual en Jerusalén, Jesús va a descansar un día con sus apóstoles en Betania y entre otros conceptos, les expresa: "Yo estoy en este mundo viviendo una vida excepcional encarnado y ustedes doce han sido llamados para participar en esta experiencia donadora del Hijo del Hombre; por lo tanto, también tienen que compartir muchas de las restricciones y obligaciones especiales de todo este testimonio. El reino de los cielos es una experiencia que empieza en la tierra y evoluciona en etapas sucesivas de vida hasta llegar al Paraíso y no se sorprenda la humanidad si en el futuro del desarrollo del reino, vuelva a visitar este mundo con poder espiritual y gloria divina. La gente de otra época comprenderá mejor el evangelio del reino cuando sea expresado en términos de relación familiar".

Después, Jesús habla ampliamente sobre la familia terrenal, con principios y similitudes con la familia celestial, en donde son aplicables, invariablemente, las dos leyes fundamentales de la vida: el amor incondicional por los padres, cabezas de familia y el amor entre los hijos y hermanos, como a uno mismo. Hay que seguir las características esenciales de la vida familiar y su práctica en la relación existente entre Dios y el hombre, por lo que una verdadera familia está fundada, principalmente en:

- Las relaciones naturales y los fenómenos de semejanza física están encadenados en la familia, ya que los hijos heredan ciertos rasgos de sus padres. La energía de su personalidad obedece al actuar de los padres. La relación de padre a hijo es característica en toda la naturaleza y rocía todas las existencias vivientes.

- Confianza y satisfacción. Los padres auténticos experimentan un gran gozo complaciendo las necesidades de sus hijos aunque muchos padres también disfrutan asegurándoles sus bienestar.

- Educación. Los padres sabios planean cuidadosamente la educación y la preparación adecuada de sus hijos e hijas desde que son jóvenes, para afrontar adecuadamente los mayores compromisos de la vida adulta.

- Disciplina y limitación. Los padres previsores disciplinan, dirigen, corrigen y restringen, cuando es necesario, a sus hijos jóvenes e inexpertos.

- Amistad y fidelidad. El padre cariñoso lleva una relación íntima y amorosa con sus hijos. Está siempre dispuesto a escuchar sus peticiones y preparado para compartir aflicciones y apoyarlos en sus conflictos. El padre está totalmente inmerso en el bienestar gradual de su hijos.

- Amor y ternura. Los padres compasivos sencillamente perdonan, no alimentan ideas de venganza contra sus hijos, ellos no son como jueces, enemigos o acreedores. Las familias verdaderas están cimentadas sobre la tolerancia, paciencia y perdón.

- Preceptos a futuro. Los padres gustan de legar una herencia para sus hijos. La familia continúa de una generación a la siguiente ya que la muerte sólo acaba con una generación para marcar el comienzo de la próxima, termina una vida individual, pero no necesariamente la de la familia.

Cuando los apóstoles escuchan estas definiciones, recuerdan las palabras de Juan durante el bautismo de Jesús, quien es llamado Hijo divino que cuenta con toda la confianza del Padre Universal, ha estado con el Padre y lo comprende plenamente, vive su vida terrestre a la entera satisfacción del Padre, lo que le permite entender totalmente a la humanidad.

En Judea

Con el correr del tiempo, la gente que sigue a Jesús y a sus discípulos aumenta en cantidad y calidad, por lo que la oposición de fariseos y saduceos se ha vuelto marcadamente peligrosa contra Jesús, los dirigentes de los judíos se preparan para arrestarlo; pero al observar que durante algún tiempo no predica públicamente, concluyen equivocadamente que se ha asustado y "permiten" que continúe enseñando, situación que no durará mucho tiempo.

Boda en Caná

Un día, Jesús envía a sus apóstoles a Caná, ya que todos están invitados a la boda de Noemí con Johab, ella es una joven sobresaliente de aquella ciudad y él es hijo de Natán. Jesús no quiere que sus discípulos hablen a nadie de él *"hasta que llegue mi hora indicada por mi Padre"*, pero no hacen caso y propagan discretamente la noticia de que han encontrado al Salvador. Cada uno de ellos espera y confía que Jesús asumirá allí su autoridad mesiánica y que lo hará ostentando gran poder y grandeza, creen que su carrera futura en la tierra estará marcada con manifestaciones deslumbrantes, prodigiosas y milagrosas, pero con esto, únicamente demuestran que no han comprendido del todo la naturaleza ni la labor del Hijo de Dios hecho Hombre.

Por su parte, María está muy alegre, ya que viaja hasta Caná con el ánimo de una reina madre que va a presenciar la coronación de su hijo, le causa mucho placer, aunque esto no sea cierto. En tanto, la gente pone más atención a Jesús y María que a los novios, ya que espera impaciente algún acto extraño, está emocionada con la idea de presenciar la revelación de fuerza y poder del Dios y nuevo rey de Israel.

Hacia el mediodía, mil invitados han llegado a Caná, más de cuatro veces el número de asistentes a la fiesta nupcial. Los judíos tienen el hábito de celebrar los casamientos en miércoles y en este caso, las invitaciones fueron enviadas con más de un mes de anticipación, por lo que casi todos los comensales están presentes en este acontecimiento social del que se hablará por muchos años, siglos incluso, pero no por la pareja contrayente sino por un personaje que hará el primer milagro de su vida terrenal, Jesús.

Durante la mañana y el principio de la tarde, aquello parece más una recepción para Jesús que una boda, ya que todos quieren y desean saludar y estar cerca del galileo ya casi famoso; por su parte, él se nota alegre, despreocupado y muy feliz por estar cerca de María, su madre, es sumamente cordial con todos, sin distinción de color, lugar de origen, posición social o edad.

Jesús está plenamente consciente de su existencia humana, de su preexistencia y postexistencia divina por lo que logra sabiamente un equilibrio para poder ubicarse en todo momento en su labor de humano o asumir las facultades de su naturaleza divina. A medida que pasa el día, Jesús nota que la gente espera algún prodigio de él que manifieste su naturaleza celestial; percibe que sobre todo su familia y discípulos esperan que anuncie su futuro reino de una forma espectacular y sobrenatural que sorprenda a propios y extraños, pero están muy lejos de la realidad, incluso, María insinúa a Jesús cuándo hará esa presentación y él, con gesto más de tolerancia que de enfado, ya que no han entendido su naturaleza ni su tarea en el mundo, al respecto comenta: "Si me amas, entonces aguarda conmigo mientras espero la voluntad de mi Padre que está en los cielos".

El galileo se retira para estar a solas durante un tiempo y regresa a la reunión más alegre y desenfadado. El casamiento se lleva a cabo en medio de un silencio fuera de lo normal, las miradas están concentradas en la figura de Jesús y no en los novios, pero eso no le importa a nadie. Al finalizar la ceremonia, el huésped especial no tiene una sola expresión en su rostro que delate lo que está pensando, pero no pronuncia absolutamente nada, espera hasta que inicie el banquete y entonces sí, se dirige a sus discípulos y a María para expresarles: "No crean que he venido a este lugar para efectuar algún prodigio que satisfaga a los curiosos o convenza a los que dudan. Estamos aquí más bien para esperar la voluntad de nuestro Padre que está en los cielos".

Por tanto, el Mesías se dispone a compartir la mesa con los mil invitados, por su parte, el padre del novio ha suministrado vino en abundancia para todos los huéspedes de la fiesta nupcial, pero ¿cómo suponer con anticipación que la boda de su hijo se ha convertido en todo un acontecimiento tan íntimamente asociado con la esperada manifestación de Jesús como libertador de Israel? Está encantado de tener el honor de contar entre sus huéspedes al célebre galileo, pero antes de que termine la cena nupcial, los criados le llevan la noticia de que el vino está a punto de terminarse.

Cuando la cena termina, los invitados pasean y platican por el jardín, en ese momento, la madre del novio le confía a María que la provisión de vino se ha terminado, por lo que María le dice confiadamente: "No te preocupes, hablaré con mi hijo y estoy segura que nos ayudará". Durante muchos años, María siempre se ha dirigido a Jesús para que la apoye en cada una de las crisis de su vida familiar, de tal forma que para ella resulta muy natural pensar en él en este momento.

Pero María tiene otros motivos para acudir a su hijo en esta ocasión, localiza a Jesús y comenta.

—*Hijo mío, nuestros anfitriones ya no tienen más vino que ofrecer a sus invitados.*

Y Jesús contesta.

—*Mi buena madre y mujer, ¿qué tengo que ver con eso?*

A lo que María responde sin tomar en cuenta la respuesta de su hijo.

—*Creo que ha llegado tu hora. ¿Puedes ayudarnos?*

—*Una vez más, madre, no he venido a este banquete para actuar de esa manera. ¿Por qué insistes con esos asuntos?* Replica Jesús.

—*Porque les he prometido que nos ayudarás. ¿No querrás hacer algo por mí, tu madre, por favor?*

—*Mujer, ¿quién te ha dicho que hagas ese tipo de promesas? Cuídate de no volver a hacerlo. En todas las acciones de nuestra vida debemos servir y atender la voluntad del Padre, quien está en los cielos.*

María, sorprendida por la respuesta, no dice nada y no puede contener algunas lágrimas, por lo que el corazón de

Jesús se rinde de compasión y amor por su madre en la Tierra, esto alegra el rostro de ella y se dirige de inmediato a los sirvientes, exclamando: "Lo que diga mi hijo que hagan, ¡háganlo!" Ella no sabe cómo se producirá el vino, pero cree que por fin ha convencido a su hijo para que confirme su autoridad, para que se atreva a presentarse definitivamente.

Jesús permitirá que su madre cumpla la promesa de ayuda a los anfitriones y a pesar de lo trivial de la petición, no será defraudada. Él se acerca a seis enormes vasijas llenas de agua, la agitación de los criados alrededor de éstas es mayúscula, sólo que lo único que hace Jesús es parase enfrente de los recipientes, elevar una pequeña oración más de permiso que de perdón por utilizar su naturaleza divina en algo tan simple e irrelevante; poco después, les indica a los sirvientes que ya pueden servir el contenido de esos depósitos.

Jesús está satisfecho doblemente, su madre ha cumplido su palabra a través de él y su Padre celestial ha permitido la transformación del agua en vino, pues de ser lo contrario no se hubiera producido "el milagro", ya que Jesús nunca desobedece la voluntad del Padre. Cuando los sirvientes sacan este vino y lo dan a probar al padrino de boda, al saborearlo, lo único que se le ocurre hacer es dirigirse al novio exclamando: "Es costumbre servir primero el buen vino y cuando los convidados han bebido bien, se trae el fruto inferior de la vid; pero tú has guardado el mejor para el final de la fiesta".

Esta manifestación prodigiosa permite comprender a Jesús que debe mantenerse en alerta para que su inclinación a la simpatía y compasión hacia su madre y amigos no sean responsables de otros incidentes de este tipo.

Aquella noche Jesús medita y reflexiona, comprende que nunca conseguirá que sus discípulos lo vean bajo otra forma que no sea la del Mesías por largo tiempo esperado. Después de todo, aunque él no lo es del tipo davídico, nunca

La boda en Caná, Obra del Veronés.

lo niega por completo, decide dejar a la voluntad del Padre, el tiempo y la forma de solucionar esta circunstancia.

Primera aparición pública

La primera aparición pública de Jesús tiene lugar en la sinagoga de Cafarnaum donde la gente acude en gran cantidad, gracias a que la noticia de la conversión del agua en vino ha impactado a todos los que conocen esa historia. Todo el auditorio está en espera, no de escuchar la palabra de Dios sino más bien morbosamente, para contemplar alguna manifestación sobrenatural que dé testimonio de la naturaleza de aquel que va a hablarles, pero no hay tal espectáculo. A cambio, Jesús dice simplemente: "Sean pacientes y verán la gloria de Dios; así es como será para todos aquellos que aguardan conmigo y aprenden así a hacer la voluntad de mi Padre, que está en los cielos". Desafortunadamente, la gente no comprende realmente el significado de las breves palabras del nazareno.

Jesús los manda a que se ocupen de sus deberes regulares hasta que llegue la hora del reino, él mismo da ejemplo trabajando en el astillero, no sin antes recordarles que: "Cada uno de ustedes debe regresar a su trabajo y recuerden que mi reino no ha de llegar con estrépito y seducción, sino más bien a través del gran cambio que mi Padre habrá efectuado en sus corazones, sean pacientes y dulces, obedezcan siempre a la voluntad del Padre, prepárense para la llamada del reino. Para aquellos que lo han encontrado, su alegría será completa y serán llamados los bienaventurados de toda la tierra. Pero no alimenten falsas esperanzas; el mundo tropezará con mis palabras, exigirán la realización de prodigios como prueba de que soy el enviado de mi Padre y tardarán en reconocer el carácter de mi misión".

Curación masiva

Un sábado, poco después de la puesta del sol en Cafarnaum y en la casa de Pedro, unos cuantos judíos recuerdan unas palabras de Jesús expresadas en la sinagoga: "El odio es la sombra del miedo y la venganza, la máscara de la cobardía, ya que el hombre es el Hijo de Dios y no del diablo". Entonces, escuchan las voces de cientos de personas en el patio y al abrir la puerta, observan un gran número de enfermos que tienen la esperanza de lograr la curación de manos de Jesús.

Cuando el Maestro sale, sus ojos tropiezan con una masa humana aquejada y afligida, logra apreciar a los cientos de seres humanos enfermos y doloridos reunidos delante de él. La presentación de estos hombres, mujeres y niños que sufren alguna o varias dolencias, leves o graves, impresiona el corazón de Jesús e intenta probar la misericordia divina de este benévolo Hijo Creador. Pero Jesús sabía bien que lo sobrenatural o milagroso no ha acompañado su enseñanza desde el episodio de Caná y al igual que en la boda, el dolor y sufrimiento de cada uno de esos seres conmueve su corazón compasivo, ¿acaso no es esa una parte importante de la misión, la de aliviar dolor y sufrimiento en cuerpos y almas?

Una voz suplicante saca de su cavilación al Mesías y le confirma la parte más importante de su misión en la Tierra: "Maestro, emite la palabra, recupera nuestra salud, sana nuestros padecimientos y salva nuestras almas".

Este es un momento en la vida terrestre de Jesús en que la sabiduría divina y la compasión humana están tan entrelazados en su juicio, que busca respuesta recurriendo a la voluntad de su Padre, Dios.

Después de momentos de meditación y en el cual la muchedumbre guarda un expectante silencio, Jesús recorre con la vista a la multitud de afligidos y comenta: "He venido al mundo para revelar al Padre y establecer su reino. He vivido mi vida hasta este momento con esa finalidad, por lo tanto, si es voluntad de Aquel que me ha enviado y si no se opone con mi dedicación a proclamar el evangelio del reino de los cielos, deseo que mis hijos se curen".

Evidentemente, la voluntad del Padre es la misma de Jesús por lo que absolutamente todos los que tienen alguna dolencia o sufrimiento en cuerpo y alma recuperan su salud, un hecho similar no se ha visto jamás en la tierra antes ni después de este día, es en verdad un espectáculo conmovedor. El Maestro desea que estos mortales que sufren sanen, siempre y cuando no se contradiga la voluntad de su Padre, ya que aquello que un Hijo Creador desea y su Padre lo quiere, EXISTE Y ES.

Apenas ha esclarecido el día domingo cuando la noticia de esta curación en Betsaida de Cafarnaum es difundida por toda Galilea, Judea y por regiones más alejadas, incluso, llega hasta los oídos de Herodes, quien envía observadores para que le informen sobre la obra y enseñanzas de Jesús. Remarca que pongan especial cuidado por si este curador milagroso no "respeta" las disposiciones de no curar a nadie en sábado.

Durante el resto de su vida terrestre y a causa de esta demostración involuntaria de curación física y espiritual, Jesús es considerado, además de predicador, médico. Por supuesto, continúa enseñando, pero su trabajo personal consiste, sobre todo, en ayudar a enfermos y afligidos, en tanto que los apóstoles predican en público y bautizan a los creyentes.

Las curaciones milagrosas que complementan la misión de Jesús en la tierra, no son parte de su plan para proclamar el reino, porque estos prodigios colocan más obstáculos en el camino del Mesías, sobre todo, porque provocan una publicidad que crea prejuicios y aportan una notoriedad que no desea que sea tomada por ese lado. Por eso insiste en aclarar, no sólo a la gente común sino también a los apóstoles que: "No se regocijen porque mi Padre tiene el poder

Curación del ciego, obra del Greco.

de curar el cuerpo, sino porque tiene la fuerza de salvar el alma".

Predicación en varias ciudades

Jesús y los apóstoles deciden hacer una primera visita de predicación pública en Galilea con la ayuda de los antiguos discípulos de Juan, además de bautizar a los creyentes en Rimón, Jotapata, Ramá, Zabulón, Irón, Giscala, Corazín, Madón, Caná, Naín y Endor y proclaman el evangelio del reino a medida que pasan por ellas.

En Rimón

La pequeña ciudad de Rimón dedica tiempo a la adoración de Ramán, dios babilónico del aire ya que las creencias de los rimonitas contienen todavía muchas enseñanzas babilónicas primitivas y posteriores de Zoroastro, ésta es, justamente, la razón por la que Jesús y los discípulos se dedican totalmente a la ardua labor de señalar claramente la diferencia entre estas antiguas creencias y el nuevo evangelio del reino.

Muchos de los conceptos babilónicos y persas más avanzados sobre la luz y las tinieblas, el bien y el mal, el tiempo y la eternidad, son incorporados más tarde en las doctrinas cristianas con la intención de que los pueblos del Cercano Oriente acepten rápidamente las enseñanzas de Jesús. Es aquí, donde Todán escucha por primera vez el evangelio del reino y más tarde lo da a conocer en Mesopotamia y otros lugares más alejados; es uno de los primeros que predica la buena nueva a los habitantes de más allá del Éufrates.

Así, el evangelio se extiende a otras ciudades como Jotapata, Zabulón, Irón, Naín, Endor, Ramá, en donde el Maestro tiene un encuentro intelectual con un anciano filósofo griego que enseña que la ciencia y la filosofía son suficientes para satisfacer las necesidades de la experiencia humana. Jesús escucha paciente, tolerante y hasta con simpatía a este educador, aceptando muchas de las verdades que dice. Al terminar de hablar, el galileo comenta que en el examen de la existencia humana ha omitido explicar "de dónde, por qué y hacia dónde" y agrega: "Allí donde tú terminas, empezamos nosotros."

El credo es una revelación al alma humana que trata con realidades espirituales, que la mente sola nunca podrá descubrir ni sondear por completo. Los esfuerzos intelectuales revelan hechos de la vida, pero el evangelio del reino descubre verdades de la existencia. El anciano filósofo es conmovido por el método de acercarse del Maestro y como es sinceramente honrado de corazón, cree rápidamente en las palabras que acaba de escuchar.

Y dirigiéndose más a sus discípulos que al buen anciano filósofo, Jesús explica: "Todo hijo terrestre que sigue los principios del espíritu terminará conociendo la voluntad de Dios y aquel que obedece la voluntad de mi Padre, vivirá para siempre. El camino que lleva de la vida terrenal a la eternidad no está marcada con claridad, pero esto no impide ver el camino que siempre ha estado ahí y yo vengo para hacerlo nuevo y viviente, muchas de estas ideas las comprenderán mejor cuando yo regrese al Padre y sean capaces de mirar en el pasado estas experiencias".

Los apóstoles continúan predicando y bautizando a los creyentes, conservan la costumbre de ir de casa en casa para consolar a los deprimidos y cuidar a los enfermos y afligidos. En Irón, pueblo minero, Jesús se conmueve por las súplicas de un leproso que le pide que lo sane, porque de otra manera no podrá entrar en el cielo. Como Jesús lo ve muy afligido y escucha sus palabras llenas de fe, lo contemplaba y entonces, el Maestro extiende su mano, lo toca y ora en voz alta: "Padre mío, ¡Sí quiero! Estás purificado", y el hombre sana de inmediato; la lepra ha dejado de atormentarlo.

Jesús recomienda al hombre que no divulgue la noticia de su curación y que mejor se presente ante el sacerdote y ofrezca los sacrificios ordenados por Moisés en testimonio de su purificación, pero no lo hace así y se dedica a anunciar por todos lados que ha sido curado de su lepra y como todo el pueblo lo conoce, empiezan a circular la buena nueva, pero no la que el Mesías desea, sino la de la curación milagrosa, por lo que el Maestro decide alejarse de esa comunidad y encamina sus pasos a otros poblados.

Curando a los enfermos, obra de Rembrandt.

12

Transformación de Jesús

Después de esta larga visita de prédica a muchos poblados y ciudades de Israel, Jesús decide ir, junto con sus discípulos, al Monte Hermón o Hebrón en donde permanecerán dos días, preparándose espiritualmente para los grandes acontecimientos que se producirán en breve.

En esta ocasión tan especial, Pedro, Juan y Santiago son los únicos apóstoles que acompañan a Jesús a la ascensión del Monte Hermón o Hebrón, el Maestro siente el llamado de su Padre, Dios, y acude con prontitud a esa solicitud. Este día, el Mesías puede tomar la decisión de abandonar la lucha y volver a gobernar sus dominios universales, pero elige satisfacer plenamente y hasta el final, la voluntad de su Padre celestial consciente de los terribles padecimientos que pasará y para los cuales se ha preparado cada día de su vida, a partir de que tiene conocimiento de su naturaleza divina y de su destacada labor en la Tierra para salvación de los humanos.

Antes de subir a la cima del monte Hermón o Hebrón, Jesús se despide de los tres apóstoles, explicando: "Me voy solo durante un tiempo para comulgar con mi Padre; les pido que aquí esperen mi regreso, oren para que se haga la voluntad del Padre en toda plenitud en lo que resta de la misión Hijo del Hombre."

Pedro pregunta.

—¿*Cuánto tiempo estaremos en esta montaña, lejos de nuestros hermanos?*

Y Jesús contesta.

—*Hasta que hayan visto la gloria del Hijo del Hombre y sepan en plenitud que todo lo que les he declarado sobre el reino de los cielos y la voluntad de mi Padre es verdad.*

Durante la noche, los tres discípulos duermen profundamente cuando repentinamente son despertados por un ruido cercano, indefinido, no es de volumen alto pero si penetrante; revisan con la mirada a su alrededor y para su sorpresa, miran a Jesús conversando con dos seres brillantes. El rostro y la silueta de Jesús también resplandece con la luminosidad de una luz celestial, no alcanzan a escuchar lo que conversan los tres seres luminosos, pero Pedro supone que los personajes que están con Jesús, son Moisés y Elías, por lo que da por asentado el cumplimiento de una de las partes más precisas de las profecías sobre esta reunión y el advenimiento del Mesías.

Allí, ante los ojos de los tres discípulos más avanzados e iniciados en las enseñanzas de Dios, se da la *transfiguración o transformación*. Es el momento en que Jesús transforma su rostro en uno lleno de luz, tanto que su túnica brilla de tan blanca y llena de luminosidad. Las otras dos figuras junto al maestro, insisten los discípulos en identificarlos como las de Moisés y Elías, no saben si es realidad o están en un sueño profundo producto de su meditación, a pesar de ello, Pedro le dice a Jesús: "Señor, es bueno que estemos aquí, si estás de acuerdo, formaremos tres pabellones, uno para ti, otro para Moisés y uno más para Elías". Mientras Pedro aún está hablando, una nube muy brillante se acerca y cubre a los cuatro, por lo que los apóstoles se asustan mucho y caen, en ese momento escuchan una voz conocida que les solicita: "Este es mi Hijo amado; no lo descuiden y pónganle mucha atención".

Cuando la nube desaparece, Jesús ayuda a los tres a levantarse, al mismo tiempo que les dice: "Levántense y no

La transfiguración de Cristo, obra de Botticelli.

teman; verán prodigios más grandes que éste". Jesús está ante los tres apóstoles tratando de despejar su mente, nuevamente están los cuatro, pero lo que nunca borrarán de su memoria es la figura del Maestro ascendido transfigurada y brillantísima en compañía de Moisés y Elías.

Jesús bebe el cáliz llegado desde el reino de su Padre, Dios, sabiendo que con ello, sella su destino fatal, el tiempo ha llegado, el cielo habla y la Tierra pide ayuda divina, pues ya todo está decidido.

Los tres mortales tardan mucho en recuperarse de la sorpresa, Pedro es el primero en comentar: "Maestro, es provechoso estar aquí. Nos alegramos de ver esta gloria y queremos quedarnos, si estás tú de acuerdo". Pero eso ya no es posible, la tarea más importante de Jesús está por comenzar y no hay tiempo que perder, por lo que los discípulos y el Maestro forman un grupo silencioso y pensativo mientras bajan la montaña.

Sin embargo, Jesús solicita a sus acompañantes: "Asegúrense de no contar a nadie, ni siquiera a sus hermanos, lo que han visto y escuchado en esta montaña hasta que el Hijo del Hombre resucite de entre los muertos". Los tres apóstoles no comprenden las palabras del Maestro y sólo dan un sí más por intuición que por reflexión. Cuando Pedro analiza las palabras de Jesús, siente una gran sacudida en cuerpo y alma al pensar en la muerte del Maestro, ya que es una idea que no está registrada en su memoria y es extremosamente amarga no sólo de soportar sino de tan siquiera imaginar fugazmente.

Pedro está inseguro y quiere evitar la mínima mención sobre la muerte y resurrección del Maestro, por lo que decide cambiar el tema de la plática pero con la cual se contradice en su pensamiento.

—*Maestro, no comprendo, los escribas dicen que Elías debe venir primero antes de que aparezca el Mesías, tú ya estás aquí y no hemos visto esa aparición.* Jesús comprende que Pedro no desea hablar nada sobre su muerte física, por lo que responde.

—*Es cierto que Elías debe estar antes de la aparición del Mesías para preparar el camino del Hijo del Hombre, quien sufrirá muchas penurias e injusticias y que al final será rechazado por quienes deberían aceptarlo. Para responder tu pregunta, en verdad te digo que Elías ya vino y no fue recibido, sino que lo torturaron y despreciaron cuanto quisieron.*

Los tres apóstoles abren su mente para descubrir que se refiere a Juan el Bautista y comprenden que si ellos continúan en considerarlo el Mesías, entonces Juan es el Elías de la profecía.

Mientras descienden de la montaña, Jesús les explica: "No me han recibido como Hijo del Hombre; por eso permito que me reciban de acuerdo con su designio establecido; pero no se equivoquen, la voluntad de mi Padre debe prevalecer. Si no cambian sus conceptos creados por su voluntad, entonces estén preparados para padecer muchas decepciones y soportar muchas pruebas; por eso, la preparación que han recibido de mi Padre a través mío, es provechosa para que superen estas penas que ustedes han elegido".

Después de esta visita celestial en el Monte Hermón o Hebrón, Jesús conoce la voluntad de su Padre y decide continuar su misión con la humanidad hasta su fin natural, para esto es la transfiguración de Jesús.

La transfiguración de Cristo, obra de Fra Angélico.

Epiléptico

Jesús y sus tres compañeros llegan al campamento y se encuentran con una multitud reunida alrededor de los apóstoles, quienes discuten la situación médica de un niño de catorce años, proveniente de Tiberiades, hijo de Santiago de Safed, afectado gravemente de epilepsia.

Al acercarse Jesús, varias personas que lo esperan se aproximan a él por lo que pregunta.

— *¿Por qué discuten?*

Pero es el desesperado padre del joven quien se adelanta y dice.

— *Maestro, tengo un hijo que está poseído por un espíritu maligno, cuando tiene un ataque, grita de terror, echa espuma por la boca y cae como muerto y este espíritu maligno constantemente lo destroza con convulsiones y a veces lo arroja al agua o al fuego. Se está consumiendo y su vida es peor que la muerte; su madre y yo tenemos el corazón atormentado y el espíritu despedazado. Maestro, ¿sanarás a mi hijo?*

Cuando Jesús escucha este relato, le pide al padre que lleve a su hijo ante su presencia y pregunta.

— *¿Cuánto tiempo tiene el niño enfermo?*

A lo que el padre responde.

— *Desde que era muy pequeño.*

Y mientras hablan, el joven sufre un ataque violento y cae, rechinando los dientes y echando espuma por la boca, después de una serie de convulsiones violentas, se queda tendido en el suelo como si estuviera muerto.

Todos están sorprendidos y asustados, pero más el padre, quien se arrodilla a los pies de Jesús implorando al Maestro.

— *Si puedes curarlo, hazlo, te suplico te compadezcas y nos liberes de esta aflicción.*

Jesús ayuda al afligido padre a levantarse y le dice.

— *No dudes del poder del amor de mi Padre, sino solamente de la sinceridad y el alcance de tu fe. Todo es posible para aquel que cree realmente.*

Entonces, Santiago de Safed pronuncia aquellas palabras mezcladas de fe y duda.

— *Señor, ¡yo creo! Te pido que me ayudes a desterrar mi incredulidad.*

Cuando Jesús escucha estas palabras llenas de sinceridad, toma al niño entre sus brazos, lo levanta al cielo y ora pidiendo permiso para sanar a este desdichado infante, lo acuesta en un improvisado colchón de ropa y clama.

— *De acuerdo con la voluntad de mi Padre y en honor de la fe viviente. Hijo mío, ¡levántate! Espíritu desobediente, sal de él y no vuelvas.*

Jesús coloca la mano del joven en la de su padre y dice.

— *Sigue tu camino. Mi Padre, el Padre de la humanidad, ha concedido el deseo de tu alma.*

Así, padre, hijo y comitiva que los acompañan parten felices hacia el hogar, su fe los ha salvado de la enfermedad del cuerpo y lo ha confirmado en la del espíritu. Por su parte, las demás personas están maravilladas por el milagro que acaban de ver, incluidos los enemigos de Jesús, quienes están sorprendidos por lo que han visto y de lo que, a querer o no, son testigos.

Estando solos los doce apóstoles y el Maestro, le piden que les comente lo que pasó en la Montaña, pero Jesús se limita a decirles: "El Hijo del Hombre empieza ahora la última fase de su vida terrenal. Estamos por comenzar los trabajos que conducirán a la gran prueba final de su fe y devoción, ya que seré entregado a las manos de los hombres que buscan mi destrucción. Recuerden muy bien lo que les digo, aunque ahora no lo entiendan hasta que esté dado ese tiempo: Al Hijo del Hombre le darán muerte los humanos, pero resucitará por gracia de su Padre, Dios".

Protestas de algunos discípulos

Andrés, quien está tan confundido como los demás, comenta: "Maestro, mis hermanos y yo no comprendemos tus palabras. Creemos plena y totalmente que eres el Hijo de Dios, pero ahora escuchamos esas extrañas palabras acerca de dejarnos y morir a manos de los hombres, cuando tu misión es de salvación y redención".

A la petición de Andrés, Jesús explica: "Hermanos míos, debido a que creen firmemente que soy el Hijo de Dios, les diré la verdad sobre el final del Hijo del Hombre en la tierra, porque también continúan creyendo que soy el Mesías y no desechan la idea de que debo sentarme en el trono en Jerusalén; por eso, el Hijo del Hombre pronto irá a Jerusalén a sufrir muchas penalidades, será rechazado por los escribas, ancianos y los principales sacerdotes, pero no será todo, después será ejecutado y resucitará de entre los muertos. Lo digo abiertamente para que estén preparados para cuando esos acontecimientos se precipiten sobre nosotros".

Pedro se acerca rápidamente hacia él y tocando sus hombros por la espalda, casi grita cuando dice: "Maestro, nuestra intención no es contradecirte, pero declaro que todo lo malo que pregonas no sucederá nunca". Pedro habla así porque ama a Jesús, pero la naturaleza humana del Maestro sabe que este afecto bien intencionado es una tentación para modificar su destino de continuar hasta el fin su vida terrenal de acuerdo con la voluntad de su Padre, Dios.

Al percibir este peligro, Jesús sostiene las manos de Pedro y le dice con voz firme: "¡Quédate detrás de mí! Hueles al espíritu del adversario, al tentador. Cuando hablas de esta manera, no estás de mi parte, sino de la de nuestro enemigo, porque tu amor por mí lo conviertes en impedimento para que yo haga la voluntad del Padre, por eso, una vez más les digo, ¡no pongan atención a los caminos de los hombres, sino a la voluntad de Dios!"

Sin dar tiempo a pausas o interrupciones, agrega: "Si alguien quiere seguirme, que no haga caso de sí mismo, sino que lleve a cabo, día a día, sus responsabilidades. Porque el que quiera salvar su vida egoístamente, la perderá, pero el que la pierda por mi causa y por el evangelio, la

San Pedro, obra del Greco.

salvará. ¿De qué le sirve a los humanos ganar el mundo entero si pierden sus almas? ¿Qué pueden dar a cambio de la vida eterna? En esta generación pecaminosa e hipócrita, ustedes no deben avergonzarse de mí y mis palabras, porque yo no lo haré al reconocerlos cuando aparezcan con gloria delante de mi Padre. Sin embargo, muchos de ustedes que ahora están delante de mí, no experimentarán la muerte hasta que hayan visto llegar con poder este reino de Dios".

Los leales y valientes corazones de los apóstoles están conmovidos ante este llamamiento y ninguno de ellos desea abandonar a Jesús, pues no van solos a la batalla final; él los conduce. Todos captan lentamente la idea de que Jesús les habla sobre la posibilidad de su muerte, pero la idea de la resurrección no la captan claramente para grabarse en la mente de los discípulos.

En casa de Pedro

Al estar nuevamente en Cafarnaum, los trece se dirigen a la casa de Pedro, al estar allí, Jesús los reúne para preguntarles directamente: "Cuando caminaban juntos esta tarde, ¿de qué hablaban tan seriamente entre ustedes?", pero los discípulos guardan silencio, porque varios de ellos tienen una larga discusión sobre los cargos que van a detentar en el reino venidero, sobre quién será el más grande y así sucesivamente, no han comprendido todavía que el reino del que les ha hablado Jesús durante mucho tiempo no es el Trono de Israel ni la herencia del rey David.

Jesús conoce sus pensamientos aunque no se los digan, por lo que toma a uno de los hijos pequeños de Pedro, lo sienta en su pierna y dice: "En verdad les digo que a menos que cambien de opinión y se parezcan más a este niño, poco avance harán en el reino de los cielos. Quien quiera que sea humilde y se vuelva como este pequeño, se convertirá en el más grande en el reino de los cielos".

Ruinas de la casa de Pedro en la ciudad de Cafernaúm.

Jesús guarda un minuto en silencio, dando pauta para que quienes lo escuchan, asimilen perfectamente bien sus palabras: "Quien quiera que recibe a un pequeño como éste, me recibe a mí y aquellos que me reciben lo hacen también con Aquél que me ha enviado. Si quieren ser los primeros en el reino, esfórcense en añadir estas buenas verdades a sus hermanos en la carne. Pero si alguien hace tropezar a uno de estos pequeños, será mejor para él que le aten una piedra de molino al cuello y lo arrojen al mar. Si lo que hacen con las manos o lo que ven ofenden el florecimiento del reino, sacrifiquen esos ídolos queridos, porque es mejor ingresar en el reino carente de lo que se ama en la vida. Pero por encima de todo, procuren no despreciar a uno solo de estos pequeños, porque sus ángeles están siempre contemplando el rostro del ejército celestial".

Ante la contundencia de las palabras de Jesús, nadie se atreve a decir nada, todos están cabizbajos y arrepentidos por sus pensamientos tan mundanos y terrenales.

La riqueza

En más de una ocasión, varios hombres poseedores de grandes fortunas desean seguir a Jesús en sus prédicas, pero

143

intuyen que sus fortunas son posibles obstáculos, pero aún así, sienten el llamado del espíritu para que sigan a ese hombre que los demás dicen que es el Mesías esperado por largo tiempo. El Maestro no rechaza a ninguna persona en particular, pero después de hablar con él, muchos desisten en seguirlo.

Ese día, Andrés conduce ante Jesús a un joven rico que es fervoroso creyente y desea recibir la palabra de Dios. Este joven de nombre Matadormo, curiosamente es miembro del sanedrín de Jerusalén; ha escuchado enseñar a Jesús y posteriormente instruido en el evangelio del reino por Pedro y otros apóstoles. Jesús habla con Matadormo sobre los requisitos para seguirlo en la promulgación del evangelio y le pide que demore su decisión hasta que reflexione plenamente sobre el asunto.

Al día siguiente, el joven se acerca a Jesús y dice:

—*Maestro, quiero conocer por ti las seguridades de la vida eterna. Puesto que he cumplido todos los mandamientos desde mi juventud, quiero saber qué más debo hacer para conseguir la vida eterna.*

En respuesta, Jesús comenta:

—*Si guardas todos los mandamientos todos los días, haces bien, pero la salvación es la recompensa de la fe y no simplemente de las obras. ¿Realmente crees en este evangelio del reino?*

Y Matadormo contesta.

—*Sí, Maestro, creo todo lo que tú y tus apóstoles me han enseñado.*

—*Entonces, eres en verdad mi discípulo y un hijo del reino.*

—*Maestro, no me conformo con ser tu discípulo; quiero ser uno de tus nuevos mensajeros.*

Jesús lo mira con amor y dice.

—*Haré que seas uno de mis mensajeros si estás dispuesto a pagar el precio, si suples el único requisito que te falta.*

—*Maestro, haré lo que sea para que me permitas seguirte.*

Jesús besa la frente del joven y le explica.

—*Si quieres ser mi mensajero del evangelio, deshazte de todo cuanto posees, obséquialo a los pobres o a tus hermanos y entonces, ven y sígueme, tendrás un tesoro en el reino de los cielos.*

Pero el semblante de Matadormo cambia radicalmente, de felicidad a frustración y sin mediar más palabras, agacha la cabeza y se aleja apenado. Este rico joven fariseo ha sido instruido creyendo que la riqueza es signo del favor de Dios, por lo que Jesús sabe que Matadormo no está liberado del amor de sí mismo y de su fortuna. Él quiere liberarlo del apego a la opulencia, no necesariamente de la riqueza en sí. Casi todo ser humano tiene algo material al cual se aferra y tiene que renunciar a ello como parte del proceso de admisión en el reino de los cielos.

Siempre ha sido así y continuará siéndolo. Jesús instruye a todo el que le escucha que los humanos deben tomar sus propias decisiones, claro, pueden hacer uso de cierta gama de posibilidades dentro de la libertad de elección. Las fuerzas del mundo espiritual no coaccionan a la humanidad; le permiten seguir el camino que ella escoge.

La riqueza en sí no tiene ninguna relación directa con la entrada o negación en el reino de los cielos, pero el amor por la riqueza sí tiene que ver y mucho. La lealtad espiritual hacia el reino es incompatible con la servidumbre a la codicia materialista, los humanos no pueden compartir su fidelidad superior de un sublime espíritu con una apego material.

Cuando el joven rico se ha marchado, Jesús se dirige hacia los apóstoles diciéndoles: "¡Ven que difícil es para los que tienen riquezas entrar plenamente en el reino de Dios! La adoración espiritual no se comparte con las devociones materiales; ningún hombre o mujer pueden servir a dos señores. Por eso, recuerden siempre: *Es más fácil que un camello pase por el ojo de una aguja a que los paganos hereden la vida eterna. Y yo declaro que es igual de fácil que ese camello pase por el ojo de la aguja a que los ricos satisfechos de sí mismos entren en el reino de los cielos.*"

Pedro, sorprendido, pregunta.

—¿Entonces, Señor, quién puede salvarse? ¿Los que tienen riquezas se quedarán fuera del reino?

Jesús responde.

—No Pedro, únicamente los que ponen su confianza en la riqueza, ya que difícilmente llevarán una vida espiritual que conduzca al progreso eterno. Pero aunque existan muchos imposibles para los humanos, no están fuera del alcance del Padre que está en el cielo; debemos entender que con Dios todo es posible.

Pedro continúa la plática, porque tiene dudas aún.

—Maestro, estoy confundido por tus palabras al joven rico Matadormo. ¿Tenemos que exigir a los que quieran seguirte que renuncien a todas sus riquezas terrenales?

—Pedro, sólo a quienes deseen vivir conmigo como ustedes lo hacen, como una sola familia, ya que nuestro Padre exige que el afecto de sus hijos sea puro e indivisible. Cualquier acción o persona que se interponga entre ustedes y el amor a las verdades del reino, debe ser abandonada.

Pedro insiste.

—Maestro, nosotros lo hemos abandonado todo para seguirte; ¿qué poseeremos entonces?

Para ser entendido, Jesús se dirige a los doce apóstoles y les dice.

—En verdad les digo que no hay nadie que haya abandonado su riqueza, hogar, esposa, hermanos, padres o hijos, por amor a mí y al reino de los cielos, que no reciba mucho más en este mundo y en la vida eterna en el mundo venidero. Muchos que son los primeros serán los últimos, mientras que los últimos serán frecuentemente los primeros. El Padre trata a sus criaturas según sus necesidades y de acuerdo con sus justas leyes de consideración misericordiosa y amante por el bienestar de los habitantes del universo.

E insiste.

—El reino de los cielos es parecido a un propietario que emplea a muchos hombres que por la mañana contrata algunos obreros para que trabajen en su viña después de acordar con ellos pagarles un denario por día. Luego, al ver a otros hombres en la plaza del mercado, les dice: "Trabajen en mi viña y les pagaré lo justo". Va a la plaza del mercado y también encuentra a otros obreros sin hacer nada, por lo que pregunta: "¿Por qué están todo el día sin hacer nada?" A lo que los hombres contestan: "Porque nadie nos ha contratado". "Entonces, trabajen en mi viña y les pagaré lo justo".

Cuando llega la noche, el propietario de la viña pide a su administrador: "Llama a los obreros y págales su salario, empieza por los últimos contratados y terminando con los primeros". Cuando llegan los que han sido contratados ya tarde, cada uno recibe un denario y así, hasta llegar con los hombres contratados al principio del día quienes se dan cuenta de lo que han cobrado los últimos en llegar, por lo que esperan recibir más de la cantidad acordada. Pero al igual que los demás, cada uno obtiene un denario. Cuando todos reciben su paga, se quejan al propietario, diciendo.

—*Los últimos hombres que contrataste sólo han trabajado una hora y sin embargo les has pagado lo mismo que a nosotros, que hemos aguantado todo el día bajo el sol abrasador.*

El propietario contesta.

—*Yo no soy injusto, ustedes aceptaron trabajar por un denario al día, entonces, tomen lo que es suyo y continúen su camino, porque es mi deseo dar a los últimos lo mismo que les he dado a todos. ¿No es lícito hacer lo que desee con lo que es mío? ¿O acaso les molesta mi generosidad, porque deseo ser bondadoso y mostrar misericordia?*

Con este tipo de ejemplos, Jesús da a entender a sus discípulos que no hay que prejuzgar a nadie ni a nada, para no llevarse decepciones que parecen injustas pero que no lo son.

Traslado a Pella

Jesús y los doce se establecen en Perea, cerca de Pella, donde el Maestro ha sido bautizado en el Jordán, el grupo completo es de trescientas personas, aunque todos los días

San Pedro, obra de Francisco de Zurbarán.

llegan de todas partes de Palestina y hasta de lejanas regiones del imperio romano para ver y escuchar la enseñanza de Jesús.

Antes del anochecer de ese día, Jesús experimenta un raro momento de éxtasis emocional que sus seguidores tienen ocasión de presenciar. Levanta su cara al cielo y exclama: "Te doy gracias, Padre mío, Señor del cielo y de la tierra, porque el espíritu ha revelado las glorias espirituales a estos hijos del reino, mientras que este evangelio maravilloso ha sido ocultado a los sabios y presuntuosos. Sí, Padre mío, debe haber sido agradable a tus ojos hacer esto y me regocijo al saber que la buena nueva se difundirá por el mundo entero después de que yo haya vuelto a ti, al final del trabajo que me has encomendado.

"Estoy enormemente emocionado cuando me doy cuenta de que estás a punto de poner en mis manos toda la autoridad, ya que sólo tú sabes realmente quién soy y que sólo yo te conozco realmente, así como aquellos a quienes te he revelado. Cuando finalice esta revelación a mis hermanos en la carne, la continuaré con tus criaturas del cielo".

Después, se dirige a todos los discípulos y comenta: "Han escuchado y mirado cuántas ciudades y pueblos han recibido la buena nueva del reino y cómo han sido recibidos mis ministros e instructores, tanto por judíos como por gentiles. Benditas son en verdad esas comunidades que han elegido creer en el evangelio del reino. Pero, ¡ay de aquellos que rechazan la luz y no han recibido bien a estos mensajeros! Declaro que si las obras poderosas que se han hecho hubieran sido en Tiro y en Sidón, los habitantes de esas ciudades llamadas paganas se habrían arrepentido desde hace mucho tiempo. En el día del juicio, el destino de esas ciudades será, por cierto, más llevadero".

Jesús continúa su exposición ante los cientos de personas que lo escuchan: "Han emprendido la importante labor de enseñar a hombres y mujeres que son hijos de Dios. Les he mostrado el camino; ahora, salgan a realizar su deber y no desistan en hacer el bien. A ustedes y a todos los que sigan sus pasos a lo largo de los siglos, les digo que siempre estoy cerca y que mi convocatoria es y será para siempre: Vengan a mí todos los que lleven una carga pesada que yo les proporcionaré descanso. Hagan suyo mi padecimiento como humano y aprendan de mí, ya que soy sincero y leal, por lo que encontrarán el descanso espiritual para su alma".

Disposiciones para el cometido final

Después de la intensa labor de prédica del evangelio y la palabra de Dios, Jesús ya no acude a la gente, ella es la que

Cristo con los brazos abiertos, en una amorosa invitación a seguirlo.

va hasta donde él, pasa gran parte de su tiempo en su centro de actividades enseñando a la multitud e instruyendo a los doce discípulos.

El trabajo del reino se prepara para entrar en su fase final bajo la dirección personal de Jesús. Este periodo se distingue por la profundidad espiritual y ya son escasos los que siguen al Maestro con propósitos materialistas y sólo ellos no logran captar la verdad de que el reino del cielo es la fraternidad espiritual de los humanos, basada en la acción infinita de la paternidad universal de Dios.

13

Contra fariseos y saduceos

ace dos mil años, los fariseos eran miembros de la principal secta política-religiosa que, rígidamente formalista, ejerce con rigor y autoridad, aunque evita los preceptos y el espíritu de las leyes, su mayor aportación a la humanidad del futuro, gracias a su actitud necia e invariable, es la de calificar a hombres o mujeres de hipócritas, es decir, a todo aquel que manifiesta públicamente una piedad que, internamente, no tiene ni siente, por eso se les llama a estos seres fariseos.

Estos hombres forman un grupo de aproximadamente seis mil hombres que se autonombran los separados o distinguidos, que es lo que significa la palabra fariseo. Son extremadamente patrioteros o nacionalistas y hasta heroicos pero escasos de cerebro, sumamente orgullosos que, a pesar de esto último, son la agrupación que dicen representar la restauración nacional. Ellos admiten tanto la tradición escrita como la oral pero la interpretan grosera y materialmente, observan la ley estrictamente pero no creen en el espíritu de los profetas, ellos son quienes se atreven a proclamar la religión en el amor de Dios y la humanidad y públicamente, practican ritos, ayunos, penitencias y recorren las calles orando y dando limosnas abundantes entre la gente del pueblo, pero todo esto es para pretender cubrir una cuota de supuesta humildad, para llevar su vida llena de lujo, producto de su trabajo codicioso para obtener altos ingresos, importantes cargos y mucho poder, por lo que son los dirigentes del partido pero paradójicamente, tienen a la gente bajo su mano férrea.

Por su parte, los herederos de Sadoc, fundador de la secta de los saduceos, pertenecen a la aristocracia sacerdotal, los cuales, debido a influencias helenísticas, interpretan las escrituras racionalmente, pero negando la inmortalidad del alma y la resurrección del cuerpo. Creen que deben ejercer el sacerdocio por derecho de herencia directa de David y, creyéndose sabios, se burlan de todo lo que no es avalado por ellos, sobre todo de las penosas prácticas religiosas y extravagantes creencias de los fariseos, pero esto no es obstáculo para unirse en contra de una sola persona muy especial, a la cual no sólo desconocen como Mesías sino que además, le temen: Jesús.

Los saduceos son sacerdotes duros, tercos y creyentes en una sola fe: la superioridad; además, tienen como meta guardar y ampliar hasta donde sea posible el poder que poseen por rancia tradición.

No es gratuito entonces, que Jesús los llame como provenientes del reino de Satán o Ahrimán, porque el espíritu está dominado por la materia y él quiere que sea el espíritu quien domine a la materia y una forma de empezar a lograrlo es atacando a las instituciones y doctrinas imperantes. La lid se lleva a cabo principalmente en sinagogas de Galilea hasta llegar a las puertas del mismísimo templo de Jerusalén, donde frecuentemente el nazareno libra sus mejores batallas predicando y haciendo frente a sus adversarios.

La estrategia es una extraña mezcla de prudencia y audacia, de meditación profunda y acción impetuosa y pronta dando clarísimas muestras de una naturaleza maravillosamente equilibrada, como un general estratega que espera que sean los adversarios quienes ataquen primero para descubrir sus armas y entonces, acometer en sus puntos débiles, que son muchos. Los primeros en embestir son los fariseos, quienes están celosos de la fama y poder de convencimiento de Jesús desde que inicia su vida pública, predicando, sanando y haciendo milagros, ya no es un hombre loco que dice tonterías y que algunas personas creen, ahora, su popularidad va más allá de una simple novedad y mucha gente está convencida de que realmente es el Hijo de Dios.

Para eso, los fariseos se presentan ante el Mesías con su habitual hipocresía burlona y con astuta maldad disfrazada de dulzura y amabilidad. Como si realmente fueran los poseedores de la verdad, estos hombres llenos de malicia llegan hasta Jesús en cada ocasión que pueden y creen lograr hacerlo caer en sus trampas, por eso, solicitan razones del por qué trata a empleados de clase baja y gente de mala vida como iguales; por qué sus discípulos predican y curan en el sacratísimo sábado, estas son violaciones sumamente graves contra la ley; sin embargo, Jesús les habla del amor de Dios, quien siente más gozo de un pecador redimido que por algunos supuestos justos.

Para contestar a sus insidiosas preguntas, Jesús les habla de la parábola de la oveja perdida y del hijo pródigo, con ello los fariseos callan, pero es tal su terquedad y maldad que arremeten de nuevo.

—¿Por qué curas enfermos los sábados?

Y la respuesta acusatoria y directa no se hace esperar.

—¡Hipócritas!, ¿no quitan las cadenas del cuello de sus bueyes para llevarlos al abrevadero en día sábado?, y ¿la hija de Abraham no puede ser rescatada y libertada tal día de las garras y cadenas de Satán?

El silencio vuelve a ser la respuesta y de nuevo atacan al nazareno acusándolo de expulsar a los demonios en nombre de Belzebuth y en esta ocasión, ya con calma, Jesús contesta: "El diablo no se expulsa a sí mismo. Deben entender que el pecado contra el Hijo del Hombre será perdonado pero nunca el que se comete contra el Espíritu Santo". Esto significa que los insultos y blasfemias en su contra no son importantes, pero sí es imperdonable negar el bien y la verdad cuando son tan evidentes y claros y hacerlo así es una perversión mental, un miserable vicio que atrae males irremediables.

Dentro de estos enfrentamientos, a cada respuesta de Jesús que los fariseos toman como ofensas, no les queda más que regresar mentiras a las verdades y de inmediato claman.

— *¡Blasfemo!*

— *¡Hipócritas!* Insiste Jesús.

— *¡Cómplice de Belzebuth!* Gritan los fariseos.

— *¡Raza de víboras!* Increpa el nazareno.

Esta batalla no parará hasta que alguna de las partes ceda... o desaparezca y ninguna de las dos están dispuestas a rendirse. Jesús, con esa inteligencia innata, sabe cómo y dónde atacar, la mayoría de la veces en forma elegante y fina, en otras, la táctica es no esperar los insultos de los enemigos, sino enfrentarlos en sus terrenos y acusarlos, como ya lo ha hecho, de poseer uno de los peores vicios y defectos de los seres humanos: la hipocresía. En cada ocasión que lo atacan públicamente, Jesús responde: "¿Por qué saltan sobre la Ley de Dios por culpa de su tradición? Dios ordena que honres a tu padre y madre y ustedes disculpan de honrarlos cuando llega dinero al templo; sólo sirven a Isaías con los labios, pero son devotos sin corazón".

A cada ataque de los fariseos, Jesús crece más, es dueño absoluto de sí, sabe que él es el Mesías pero que tiene que librar muchas batallas todavía antes de cumplir cabalmente con su destino como Hijo del Hombre. Por supuesto que los fariseos, al comprender que con palabras no ganarán nunca y mucho menos queriendo corromperlo con riquezas y poder, algo que ni el mismo Belcebú pudo lograr, cambian de táctica, deseando perderlo públicamente por sus palabras y acciones. Le envían emisarios para provocarlo lo cual permitirá al sanedrín acusarlo de blasfemo y apresarlo "en nombre de la Ley de Moisés" o por ser rebelde a los mandatos de los conquistadores romanos.

Por eso le tienden una trampa en el templo con una mujer adúltera y sobre la moneda con la efigie de César grabada en ella, sus respuestas son tan inteligentes que no es posible acusarlo de absolutamente nada. Los fariseos, resueltos a comprometer, una vez más, a Jesús con preguntas insidiosas, le dicen.

—*Maestro, sabemos que eres verdadero y enseñas el camino de Dios con sinceridad y sin respeto a nadie, ya que no miras la calidad de las personas. Entonces di si es ilícito o no pagar tributo a César.*

Por lo que Jesús, conociendo la naturaleza malvada de los fariseos, contesta.

—*¿Por qué me tientan y provocan, hipócritas? Muéstrenme la moneda con la que pagan el tributo.*

Al hacerlo, el Maestro les pregunta.

—*¿De quién es esta imagen y descripción?*

—*Del César. Responden con prontitud los inquisidores.*

—*Entonces, den a César lo que es de él y a Dios lo que es de Dios.* Responde Jesús sin dejar lugar a dudas.

Pero no todos huyen, algunos escribas y fariseos insisten en hacer cometer a Jesús alguna violación a la ley de Moisés para detenerlo y acabar con él de una buena vez, ahora llevan ante él a una mujer acusada de adulterio, uno de los mayores pecados para los judíos y presentándola ante el Maestro, le dicen.

—*Señor, esta mujer ha sido sorprendida en adulterio, Moisés nos manda apedrear a este tipo de pecadores, pero tú, ¿qué dices al respecto?*

Jesús sabe que es una trampa, se inclina sobre la tierra para hacer algunos dibujos y al levantarse, respira profundamente y dice con toda autoridad.

—*Aquel de todos ustedes que esté libre de culpa y pecados lance contra esta mujer la primera piedra.*

Esto hace pensar a los acusadores, quienes para no comprometerse, deciden irse uno a uno hasta que quedan solos Jesús y la mujer acusada de adulterio a quien le pregunta.

—*Mujer, ¿dónde están los que te acusaban y condenaban?*
A lo que la señora responde.
—*En ninguna lado Señor, todos se han ido.*
Por lo que responde Jesús.
—*Pues entonces, yo tampoco te condeno, puedes irte y no peques más.*

Sin embargo, lo que no logran los fariseos, parece que lo hace la decepción de los judíos, al ver que el Mesías no restaura el reino de Israel, castiga a los despiadados romanos y a todos los que han osado sumirlos a la esclavitud. En cualquier lugar donde llega Jesús, encuentra algunos rostros duros, desconfiados e incrédulos, aunado a que estos fariseos constantemente lo acosan diciéndole: "Vete de aquí, Herodes Antipas quiere que mueras por perturbar la tranquilidad de su reino", a lo que contesta Jesús: "¡Dile a ese zorro que nunca muere un profeta fuera de Israel". Esta

Cristo y la mujer adúltera, obra del Guercino.

situación provoca que Jesús no esté seguro ya en ninguna parte, el galileo sabe que su visión en Engaddi no ha cambiado, por eso, él no duda en cumplir cabalmente su misión celestial si no hubiera aceptado anticipadamente su muerte.

Los discípulos vigilan a Jesús con inquietud, ya que cada vez está más silencioso, meditabundo y reflexivo ante la aparente imposibilidad de hacer triunfar la doctrina de su Padre, Dios, debido a las maquinaciones de sus temibles y formidables adversarios, no porque sean inteligentes o audaces, sino porque han manipulado las leyes a su antojo y no permiten que nadie se salga de esas normas de creencia y porque no ha levantado la espada contra el invasor ejército romano.

Al estar muy cerca la lucha final, mucha gente está decepcionada de él porque no ha restaurado el reinado de Israel; ellos, al igual que muchos de quienes lo siguen, no comprenden por qué Jesús no es un guerrero de armas y peleas sangrientas, sino del perdón y salvación espiritual, además, él tiene dudas incluso de si sus discípulos han entendido real y honradamente su mensaje y misión en la Tierra, por lo que se pregunta: ¿la verdad ha penetrado lo suficientemente profundo en ellos?, ¿creen en él y su prédica a pesar de todo?, ¿realmente saben quién es él y su importantísima labor en la Tierra a favor de la humanidad y contra las fuerzas oscuras y evidentes?

Como no puede ni debe guardar más dudas estando tan cerca el conflicto terminal, pregunta a sus discípulos.

—¿*Qué dicen los hombres que soy yo, creen que soy el Hijo del Hombre?*

—*Unos dicen que eres Juan el Bautista, otros que Jeremías y unos más que un profeta.* Responden algunos.

—*Y ustedes, ¿quién dicen o creen que soy?*

—*Tú eres el Cristo, el Hijo de Dios vivo.* Responde Pedro.

Es la primera vez que lo llama Cristo y esta denominación pasará a la historia junto con el nombre del Mesías: Jesucristo.

Al escuchar esta afirmación, Jesús se llena de alegría y regocijo, por fin sus discípulos lo comprenden todo muy bien, que el verdadero significado de ser Hijo de Dios es el de una conciencia identificada con la verdad divina, una voluntad capaz de manifestarla, ya que, de acuerdo con la tradición de los profetas, el Mesías debe ser la mayor de las manifestaciones, que por ser Hijo del Hombre es el elegido de la humanidad terrenal y al ser también Hijo de Dios, es serlo del enviado de la humanidad divina, es por eso que Jesús contiene en sí al Padre y al Espíritu.

Después de esta plática con sus discípulos, Jesús comprende y está satisfecho, porque vivirá en sus seguidores cuando se vaya, cuando deje de ser el Hijo del Hombre y se convierta para siempre en el Hijo de Dios, ellos serán el lazo que una al cielo y la Tierra, por eso, el Maestro le dice a Pedro: "Estoy muy feliz de ti, hijo de Jonás, porque no te han revelado eso la sangre y la carne, sino mi Padre que está en el cielo". Con esta declaración, Pedro es confirmado como un iniciado a la misma altura que la de su maestro, ya que posee la visión interna y profunda de la verdad, no revelada a cualquiera.

Pero para el Mesías, apóstoles y seguidores no hay muchos momentos de felicidad, por lo que el regocijo de Jesús desaparece y anuncia que deben partir a Jerusalén donde él será torturado y muerto. De inmediato protesta Pedro:

— *¡No Señor, de ningún modo, esto no ha de sucederte a ti!*

— *¡Quítate de enfrente, Satanás, que me escandalizas; porque no tienes gusto por las cosas que son de Dios, sino las de los hombres!* Responde Jesús enojado. Y sin más se encaminan hacia la ciudad de su destino, antes, tienen que pasar por otros lugares y al primero que llegan es la ciudad de Cesárea.

Esta ciudad descreída desde la época de Antioco el Grande, está asentada en un oasis, al pie de la cima helada del Hermón. Es una población donde destacan el anfiteatro, lujosos palacios y templos griegos, Jesús y sus acompañantes atraviesan la metrópoli hasta alcanzar la ribera del río Jordán, cerca de allí, el nazareno busca la soledad de una caverna para meditar y orar durante varias horas.

El Maestro se siente como un animal expulsado de la manada, está abrumado y asfixiándose entre dos universos que no quieren comprender ni aceptar quién es y cuál su labor ante la humanidad. Por un lado, están los incrédulos para quienes él y su palabra no tienen ningún significado ni representa absolutamente a nadie; por otro, los judíos, quienes no quieren ni desean reconocer que él es el Mesías y lo peor, apedrean e insultan a sus profetas y se tapan las orejas para no escuchar a quien sí deben hacerlo, pero lo realmente impactante y frustrante es que fariseos y saduceos están cada vez más cerca de su presa.

Y así, sumido en su pensamiento, meditación y oración, la imagen del mar Muerto vuelve a surgir ante sus ojos, siente y sufre anticipadamente su cercano destino final como Hijo del Hombre. Antes de los momentos más grandes de su vida en la Tierra, Jesús se retira a orar, ya sea en las cimas de las montañas, en cavernas o en donde pueda estar solo, él sabe y aplica perfectamente bien las palabras del sabio veda: "La oración sostiene el cielo y la Tierra y domina a los dioses".

14

Últimos días antes del mortal final

Al llegar la entrada a Jerusalén, la gente del pueblo espera impaciente a Jesús y sus discípulos, muchos de ellos entonan ¡Hosanna, Bienvenido sea el hijo de David!, al mismo tiempo que llenan las calles con ramas de palma, todo es júbilo y alegría, las personas tienen la esperanza en que Jesús sea el libertador de Israel, quien acabará con los romanos y dará a los hijos de Moisés y Abraham su libertad largamente esperada, pero no saben ni conocen la enorme diferencia que existe entre ser soldado libertador de hombres y ser humano salvador de almas, por lo que esta manifestación y esa falsa creencia no es compartida por todos, el mismo nazareno sabe que está en la etapa más difícil para él, físicamente, lo oprime el suplicio que padecerá, pero también sabe y reconforta que, después de su muerte, sus apóstoles continuarán su obra al difundir la ley de su Padre, Dios.

Con esta entrada triunfal, Jesús clama y exhibe ante todos, aún sin decirlo con palabras, sobre todo a los integrantes del sanedrín, que él es el Mesías y asume totalmente las consecuencias. Se dirige directamente al templo y cruza el patio de los gentiles; a cada paso suyo, el enojo se apodera del nazareno, ya que camina con dificultad entre mercaderes, cambistas y comerciantes cuyos rostros denotan abiertamente la usura a la que se dedican y lo peor, es el insultante sonido del dinero que taladra sus oídos, ya en el atrio, comenta con voz imperiosa y a la que nadie puede dejar de escuchar: "¡Escrito está: mi casa será de oración y ustedes la han convertido en cueva de ladrones!"

Jesús expulsando del templo a los cambistas, obra de Rembrandt.

Es tan imperiosa la voz de Jesús, que todos los mercaderes huyen arrastrando sus talegas de dinero y sus mercancías, cuidando de que, el pueblo que apoya y sigue al Mesías no les haga daño, pero los sacerdotes del sanedrín, atentos a todo cuanto hace y dice el Maestro, se interponen entre el Hijo de Dios y los pocos comerciantes que quedan y lo increpan provocativamente:

—*¿Con qué autoridad haces esto?*

A lo que Jesús responde con otra pregunta a sus enemigos públicos.

—*El bautismo de Juan, ¿de dónde venía, del cielo o de los hombres?*

La comitiva del sanedrín no responde de inmediato, se miran entre ellos para saber quién responderá a la pregunta y en esa actitud dubitativa, saben que si contestan "del cielo", él les dirá, "Entonces, ¿por qué no creen?", y no pueden decir que a los hombres, por temor a que la gente del pueblo les reclame, ya que tienen a Juan el Bautista como profeta, por lo tanto, tragándose su orgullo y altanería responden.

—*Nada sabemos.*

—*Entonces, yo tampoco les diré con qué autoridad hago y llevo a cabo mis acciones.*

Y para que sepan definitivamente que él ya no dejará pregunta sin respuesta, toma la ofensiva y ante el silencio de sus increpadores, agrega.

—*En verdad les digo que los modestos empleados y las mujeres de mala vida, les aventajan en el reino de Dios.*

Jesús sabe que con estos enfrentamientos abiertos y ante la vista de mucha gente, los miembros del sanedrín optarán por la vergonzosa retirada, notan que cualquier otra provocación causará riesgos para sus vidas. Además, ya no importa provocarlo más, en sus malignas intenciones guardan dos momentos con los cuales basarán sus acusaciones para acabar con el Mesías; sus amenazas contra el templo y la "afirmación" (no confirmada por él) de que es el Mesías e Hijo de Dios.

Cristo en la sinagoga, obra de Gerbrand Van Den Eeckhout.

Todo es cuestión de buscar la mejor oportunidad para apresarlo, para esto, fariseos y saduceos se alían para desaparecer al "seductor del pueblo", no lo harán en público porque provocarán la intervención de la gente del pueblo en favor de Jesús. La lucha entre el nazareno y los influyentes miembros del sanedrín va en aumento, en cada ocasión, él los acusa de ser falsificadores de la religión: "Desgraciados de ustedes, escribas y fariseos, que cierran el reino de los cielos a los que en él quieren entrar. Insensatos y ciegos que pagan el diezmo y descuidan la justicia, misericordia y fidelidad. Son como los sepulcros blanqueados, hermosos por fuera pero por dentro están llenos de despojos y toda clase de podredumbre".

Una vez demostrada la hipocresía religiosa y la falsa autoridad de la clase sacerdotal que integra el sanedrín, Jesús, los discípulos y seguidores salen de Jerusalén para ir al monte de los Olivos, al llegar a la cima pueden contemplar el esplendor de la fortaleza de Herodes, esto no emociona a los apóstoles quienes dentro de algún rincón de sus almas y corazones, se ven como jueces, alrededor del Mesías coronado como Pontífice-Rey. Pero Jesús está muy lejos de esos pensamientos, voltea a verlos y pregunta: "¿Pueden ver todo ese esplendor y riqueza? Pues en verdad les digo que no quedará piedra sobre piedra que no sea destruida".

Él sabe que la confrontación entre los mismos judíos, que la altanería, intolerancia, fanatismo, baja moral y odio no son armas suficientes para acabar con el poderío romano y su ejército, que viven y mueren para y por la guerra, hombres perfectamente bien entrenados y armados y lo peor, quienes piensan que la actividad bélica es el único camino adecuado para lograr, finalmente, la restauración del reino de David, cuando eso los conduciría, fatalmente, al exterminio o al destierro, porque el ángel de la destrucción está listo, con su antorcha encendida, para que la ciudadela de Sión y su templo empiecen a dejar caer sus muros para cumplir, sin demora alguna, la profecía del Mesías.

Jesús sabe también que ese sería un triunfo efímero, en caso de ocurrir nuevamente la historia de David y Goliath, sabe que la victoria duradera es la que han manifestado los profetas, la del pensamiento, en la que, lamentablemente, sólo él tiene conciencia plena.

Pero no es cuestión ahora de dejar que los sacerdotes del sanedrín lo apresen y apresuren los tiempos del sacrificio, por eso, Jesús opta por retirarse a Betania sin dejar de acudir un sólo día al monte de los Olivos, para hablar y estar con sus discípulos, quienes saben y sienten que hay un ambiente extraño cada día que pasa, pero su olfato no tiene capacidad para captar el olor de la muerte que ronda y casi cubre al Maestro y únicamente cuando él deje de ser el Hijo del Hombre para convertirse en Hijo de Dios, ellos podrán darse cuenta de las tribulaciones y penas que sien-

David con la cabeza de Goliat, obra de Caravaggio.

te Jesús al conocer de antemano su próxima muerte y la forma en que habrá de suceder.

Las palabras de Jesús ahora son más claras y utiliza en menor medida las parábolas, para que cuando él ya no esté físicamente entre los apóstoles, ellos estén preparados para divulgar no sólo la palabra de Dios sino también el accionar que debe regir las vidas de personas bien nacidas y de buen corazón, para ello, en una de sus últimas visitas al monte de los Olivos, antes de ser entregado por uno de los discípulos, hace una promesa en la que destacan niveles de progreso para llegar hasta el reino celestial.

Primer juicio

En el que el destino del alma, después de la muerte, es determinado por su naturaleza íntima y por los actos llevado a cabo en vida terrenal. Son advertidos de que deben vigilarse ellos por sí, tener cuidado de que sus corazones no estén apesadumbrados por la lujuria y sean sorprendidos el día del juicio sin estar debidamente preparados, ya que el Hijo del Hombre volverá cuando menos lo piensen y esperen los humanos del futuro.

Fin de Israel y destrucción del templo

Esta es una de las partes más claras de las profecías de Jesús: "Una nación se elevará contra otra. Serán entregados a los gobernantes para ser atormentados. En verdad les digo que esta generación no pasará sin que todas estas acciones pasen".

Meta terrenal de la humanidad

Esta meta no ha sido fijada en una fecha precisa, sino que está llena de signos, evidencias y hechos que una vez cumplidos todos, serán la señal del advenimiento del Cristo social o del hombre divino sobre la Tierra, en otras palabras, será la aparición y organización de la Verdad, Justicia y Amor profundo de la sociedad humana, teniendo como consecuencia, ¡por fin!, una paz mundial de pueblos y naciones.

Los profetas tienen esa revelación aunque aún no la comprenden y la humanidad tardará mucho más en asimilarla, pero la señal será inconfundible: "Porque, como el relámpago sale de oriente y se deja ver hasta occidente. así será el advenimiento del Hijo del Hombre".

En esos días en que pasa en el monte de los Olivos, sin aparente motivo Jesús llora, ante el desconcierto de sus discípulos, ya que él siente un tremendo dolor en el corazón, por la terrible suerte de su amada Jerusalén y la suya, la cual tiene un temible olor a muerte, ya que los sacerdotes del sanedrín han decidido acabar con el Mesías y Judas Iscariote está dispuesto a entregarlo, ya que no comprende cómo alguien que se dice el Hijo de Dios no puede acabar con los romanos opresores de Israel, no lo mueve la avaricia sino la decepción, por lo que ya no se tentará el corazón para entregar al que considera falso Maestro, este Judas no entiende nada de las palabras de Jesús: "Los que quieran guardar su vida, la perderán y los que no les importe perderla, la ganarán".

Jesús siempre ha conocido la naturaleza fría y cruel de Judas Iscariote y a pesar de ello, lo admite como discípulo, porque confiaba en cambiarlo y ganarlo para su causa, pero sabe que el destino está escrito para él y su traidor, y decide no hacer más para evitarlo.

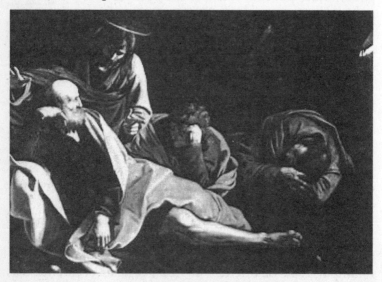

Cristo en el huerto de los olivos, obra de Caravaggio.

15

Última cena y arresto de Jesús

En víspera de la celebración de Pascuas, Jesús solicita que se reúnan él y sus apóstoles en la casa de un amigo para cenar, sabe que será la última vez que comparta alimentos con todos ellos y quiere que disfruten la comida en paz y camaradería. Antes de iniciar el convivio, Jesús se dirige a sus discípulos diciéndoles: "Ardientemente, he deseado comer esta Pascua con ustedes antes de mi pasión, porque les aseguro que no la comeré otra vez, hasta que tenga su cumplimiento en el reino de Dios". Desde luego que con esas palabras, aunque algunos no las comprenden de inmediato, los apóstoles se tornan melancólicos y silenciosos.

Toma el cáliz con vino, da gracias y dice: "Esta es mi sangre que será derramada por los hombres, beban y distribúyanlo a los demás, porque les aseguro que ya no beberé el jugo de la vid hasta que llegue al reino de Dios". Después, toma el pan, dan gracias y dice: "Este es mi cuerpo, que es entregado por ustedes, hagan esto en mi memoria". Nuevamente, Jesús toma el cáliz y expresa: "Este cáliz es la nueva alianza de mi sangre, que es derramada por ustedes. Mas aprecien que la mano que me entrega está sentado conmigo a la mesa y en verdad les digo que el hijo del hombre sigue su camino; pero ¡ay de aquel hombre que le ha de hacer traición!", con clara alusión a Judas Iscariote.

La última cena , obra de Tiziano

Con esta cena, Jesús da por terminada su misión de predicación de la palabra de su Padre, Dios, su propio ascenso al quinto grado de los esenios, el único reservado a Dios o a su Hijo y da por iniciados totalmente a los apóstoles para que ahora sean ellos lo que dispersen por el mundo la verdad, justicia y belleza de la voz de Dios y los mensajes celestiales. Al compartir el pan lo hace también con los bienes terrenales en grado justo y perfecto y al compartir el vino lo hace con los bienes celestiales y los dos, amalgamados en el hombre, son la combinación perfecta de los misterios espirituales, la ciencia y lo divino y para cuando los discípulos del Mesías se distribuyan por el mundo, la iniciación llegará a todos los seres humanos del planeta.

Nada es en vano, ya que el sacrificio de la muerte del nazareno creará la mayor fuerza posible entre hermanos, una cadena de amor inquebrantable entre el Hijo de Dios y los humanos, aunque a Jesús le queda la duda de si sus discípulos sabrán propalar la palabra de su Padre, él los abraza a todos con la mirada, a su familia bien amada con la ternura y tristeza del adiós final. A partir de este momento, su sufrimiento aumentará y para no hacer esperar más al destino, decide ir al monte de Olivos para pasar la noche en oración y meditación, no elude al destino sino lo enfrenta cara a cara, ya que es preciso que la traición largamente anunciada y esperada se consume, que los soldados y miembros del sanedrín ataquen, como ladrones, en la noche y casi en solitario.

En el tiempo de espera para que lleguen los enemigos de Jesús y de su obra, él duda, pero su espíritu es más fuerte y logra sobreponerse, aunque un sudor frío de sangre recorre su rostro al escuchar un murmullo de voces y roce de armas que crece y de una columna de hombres que iluminan su camino con antorchas, es el grupo de soldados del sanedrín guiado por Judas Iscariote, antes de llegar al Mesías, Jesús termina su oración que lo reconforta y se adelanta al encuentro con su fatal destino.

Judas apresura el paso para adelantarse, va directo al encuentro con el Maestro y lo besa en la mejilla para dar la señal y reconocimiento de quién es Jesús y él le dice: "Amigo, ¿a qué has venido?, ¿con este beso entregas a tu Maestro?", y lo dice con la mayor ternura, comprensión y perdón para quien ha traicionado no sólo al Hijo del Hombre sino a sí y a los de su raza; en ese momento, Judas siente una herida muy profunda en su corazón y en el alma que hace que se retire del lugar sin que nadie lo vea, está herido de muerte y ha comprendido muy tarde lo terrible de su acción, la más baja hecha por ser humano alguno hasta entonces, es tal su dolor que el único camino que encuentra para calmar en algo su lacerante angustia, es la de buscar la muerte como sea y en donde sea, acción a la que finalmente llega y consume aún antes de que Jesús sea presentado ante los sacerdotes del sanedrín.

Los apóstoles y discípulos están totalmente abatidos por lo que están viendo, por lo mismo, nadie se mueve, después, Jesús se desembaraza del abrazo traidor de Judas, se acerca a los soldados y nuevamente pregunta.

—¿A quién buscan?

El capitán dice.

—A Jesús de Nazaret.

Y Jesús insiste.

—*Les he dicho que soy yo. Así que si me buscan a mí, dejen que los demás se vayan. Estoy listo para ir con ustedes.*

Jesús está preparado para regresar a Jerusalén con los guardias, por lo que el capitán de los soldados está dispuesto a permitir que los tres apóstoles y sus compañeros se vayan en paz. Pero antes de partir, Malco, el guardaespaldas sirio del sumo sacerdote, se acerca a Jesús para atarle las manos a la espalda, aunque el capitán romano no lo ha ordenado y cuando algunos de los apóstoles ven que su Maestro es sometido a tal indignidad, ya no se contienen, Pedro saca su espada y se abalanza para golpear a Malco.

Pero antes de que los soldados puedan defender al servidor del sumo sacerdote, Jesús levanta la mano delante de Pedro con gesto de prohibición y habla tranquilo pero determinantemente.

—*¡Pedro, guarda tu espada! Los que sacan la espada, perecerán por ella. ¿No comprendes que es voluntad de mi Padre que beba esta copa?*

Jesús termina de tajo esta demostración de resistencia física por parte de sus seguidores, aunque esto despierta temores en el capitán de los guardias, ordenando inmediatamente a sus soldados que terminen la tarea de atar las manos de Jesús. Mientras, el Maestro pide una explicación: "¿Por qué salen contra mí con espadas y palos como para capturar a un ladrón? He estado diariamente con ustedes en el templo, enseñando públicamente a la gente y no han hecho ningún esfuerzo por apresarme".

Pero no hay respuesta, el capitán teme que los seguidores del Maestro intenten rescatarlo y ordena que sean capturados; pero los soldados reaccionan con lentitud, dando oportunidad a que los seguidores de Jesús huyan precipitadamente, sólo Juan Marcos permanece cerca de Jesús escondido en un cobertizo cercano. Cuando los guardias emprenden el regreso hacia Jerusalén con Jesús; Juan Marcos sale para unirse a los demás discípulos; pero en el preciso momento en que lo hace, uno de los soldados regresa y al ver a este joven con su manto de lino, lo persigue y casi lo atrapa. El soldado se acerca lo suficiente a Juan como para asir su manto, pero la juventud y rapidez del perseguido se imponen, sólo que en la breve lucha, suelta su túnica y escapa desnudo, mientras el soldado jadeante se detiene y contempla el manto vacío en sus manos. Juan Marcos corre hacia el sendero donde está David Zebedeo. Cuando le cuenta lo sucedido, los dos regresan precipitadamente a las tiendas de los otros discípulos dormidos e informan a los ocho que el Maestro ha sido traicionado y detenido.

Por su parte, Pedro y Juan se quedan cerca para seguir al Maestro hasta la ciudad y para su juicio, si es que a esos viles actos de cobardía y traición se les puede llamar así. Del Mesías no sale palabra ni queja algunas durante su traslado. Por su parte, los sacerdotes miembros del sanedrín han convocado a una sesión plenaria y urgente, a media noche para que la gente del pueblo no se entere ni pueda protestar por este arresto arbitrario e injusto.

Los verdugos, vestidos de sacerdotes, sonríen cínicamente y platican entre ellos como si de una fiesta se tratara, están sentados en semicírculo, en medio del cual hay en un sitio más elevado y una especie de trono, burdamente ornamentado, en la que destaca la figura de Caifás, el gran pontífice, vistiendo a todo lujo, como lo acostumbra en las grandes ocasiones. Al ser conducido Jesús ante Caifás, éste no puede ocultar un gesto de admiración al contemplar la túnica del acusado que parece blanquear más a cada momento, ni por el rostro sereno del Mesías a pesar de estar fuertemente atado de las muñecas que le provocan el primero de los muchos dolores físicos que sufrirá.

En este injusto juicio, todos los presentes son testigos de cargo, no hay uno solo que quiera hablar a favor de Jesús, por supuesto, Caifás, el sumo sacerdote, es el acusador principal al argumentar que el Maestro será procesado como una medida de salud pública contra un crimen que se ha

Cristo escarnecido por tres soldados, obra de Edouard Manet.

cometido contra su religión, aunque interiormente, Caifás goza de la venganza de quien ha osado poner en duda y peligro su poder.

El sumo sacerdote se levanta lentamente y dirigiéndose a Jesús acusa y vocifera.

—*¡Tú eres un seductor del pueblo, un mentiroso y blasfemo!*

En eso, varios testigos vociferan contra el acusado, pero uno de ellos es quien sobresale para dar su testimonio.

—*Yo escuché decir a este hombre, en el pórtico del templo de Salomón que destruyeran el templo y él lo reconstruiría en tres días.*

Un murmullo crece en el gran salón hasta que se convierte en un grito y en acusación: "*¡Blasfemia, Blasfemia!*"

—¿*No respondes a esta acusación tan grave?* Inquiere Caifás.

Pero Jesús guarda un silencio que lastima los oídos de todos los presentes, ¿para qué hablar a los sordos, necios y vengativos?

El sumo sacerdote sabe que, de cualquier forma, con esa acusación no puede condenar a muerte a nadie, es necesario inculparlo con delitos más grave para lograr sus funesto propósitos y sin más, encara a Jesús preguntándole.

—*Si eres el Mesías, ¡dínoslo ahora!*

La pregunta conlleva una cuestión de honor, de vida para su misión en la Tierra, por lo que ahora sí responde, con una inteligencia que no lo compromete ante el jurado del sanedrín.

—*Si les digo que sí, no me creerán y si se los pregunto a ustedes, no me responderán.*

No hay entonces, para Caifás más que increpar al acusado de tal forma que lo crea acorralado para que diga lo que él tanto desea:

—*¡Yo te conjuro, ordeno y exijo, en nombre del Dios vivo, a que nos digas si eres el Mesías, el Hijo de Dios!*

Y con la tranquilidad que nadie espera, Jesús responde.

—*Tú lo has dicho, desde ahora declaro que verán después a este Hijo del Hombre sentado a la diestra de la majestad de Dios y venir sobre las nubes del cielo.*

Esto es lo que espera Caifás para hacer una de sus mejores y más falsas actuaciones, se rasga la elegante túnica, la avienta al mismo tiempo que clama a la bóveda del gran salón: "*¡Blasfemia, Blasfemia, qué necesidad tenemos ya de testigos si todos han escuchado la blasfemia!*"

Y el veredicto es unánime, ¡muerte por blasfemia!.

Impulsados por sus sentimientos más viles, los sacerdotes se acercan a Jesús para escarmentarlo groseramente y sin ninguna piedad, es golpeado, escupido y vejado, uno a uno lo maltratan y al hacer un brutal contacto con él por la espalda, le gritan: "*¡Profeta Hijo de Dios, adivina quién te* *pegó!*", pero el rostro del Mesías apenas si sufre alguna transformación por los golpes recibidos en todo el cuerpo, su palidez da marco a una serenidad nunca vista por nadie.

Entre el bullicio de la no confesión directa de Jesús de que él es el Mesías, los sacerdotes del sanedrín condenan a muerte al nazareno, pero no tienen poder para ejecutarla, ya que es necesario e imperioso contar con la aprobación de la autoridad romana, entiéndase, Pilatos.

Poncio Pilatos es el procónsul de Judea por encargo de César. Cuando le es presentado Jesús por el Sanedrín, lo primero que teme es que la muerte del galileo pueda crear un conflicto popular, por lo que opta por interrogar al acusado con mucha cautela.

—*¿Eres tú el rey de los judíos?*

—*Mi reino no es de este mundo*. Responde Jesús.

—*¿Eres tú, entonces, rey?* Insiste el procónsul romano.

—*¡Sí!, he nacido para eso y vengo a este mundo para dar testimonio de la verdad*. Fue la total y definitiva respuesta del Mesías.

—*¿Qué es la verdad?* Interroga Pilatos más para sí que para el acusado y agrega.

—*No encuentro ningún crimen en él ni motivo alguno para que sea acusado. Les digo que lo mejor es soltarlo ahora mismo.*

Pero los sacerdotes del sanedrín no están dispuestos a dejar ir a su presa e instigan al populacho a que griten que mejor suelten a Barrabás, por supuesto, Pilatos, quien odia apasionadamente a los judíos, ordena que le den azotes a Jesús y está dispuesto a soltarlo, pero no cuenta con que después de ver correr la sangre del acusado, esto excita más a los acusadores y se unen en un sólo grito y exigencia: "*¡Crucifícale, crucifícale!*"

Al presentar nuevamente a Jesús ante Pilatos, el procurador, a pesar de ser un tipo cruel, no puede dejar de estremecerse cuando ve al acusado azotado y de como escurre la sangre de la espalda y la frente, ya que ha sido "coronado" con una tiara de espinas, pero también al observar el rostro de mudo sufrimiento del profeta y sin saber por qué, expresa: "¡*He aquí al hombre!*", dando a entender que al no ver más culpas en Jesús, está a punto de soltarlo, pero los miembros del sanedrín no quieren y con la voz de un coro bien ensayado, exclaman.

— *¡Se hace pasar por Hijo de Dios!*

Pilatos sigue dudando, hay algo en el acusado que le hace creer en su inocencia, pero los sacerdotes no desean más que su muerte y por eso le lanzan al procurador romano la mayor amenaza posible.

— *Si das la libertad a este hombre, no eres amigo del César, porque a quien se hace pasar como rey, se le debe declarar enemigo del César y nosotros no tenemos otro rey que no sea César.*

Temible argumento contra el que Pilatos no puede hacer nada, se puede conspirar hasta contra Dios, que no es importante para un ateo, pero hacerlo contra el emperador romano es un crimen imposible de perdonar y ante esto, decide entregar y autorizar la muerte del Mesías a manos de los judíos, no sin antes lavarse las manos simbolizando que él no tiene nada que ver con la muerte de un inocente al que ya no puede ni quiere salvar, pero que no lo exculpa, ya que los judíos lo han condenado por encima de cualquier posible salvación, por lo que los romanos están de acuerdo, ya que la muerte de un judío no les importa en lo más mínimo y los mismos acusadores se encargarán de provocarla, a pesar de ser inocente, así es de que, desde el punto de vista de Pilatos, los únicos culpables de esa injusta ejecución son los mismos judíos.

Pero lo peor está por llegar para Jesús, ya que no es la simple ejecución y muerte (si puede clasificarse de simple el asesinar a un inocente ser humano, independientemente de ser Hijo del Hombre o de Dios) sino que deben "castigarlo" hasta extraerle los lamentos más lastimeros jamás escuchados en tierra alguna, solamente que esto no ocurrirá nunca, el nazareno no lanzará ninguna exclamación por

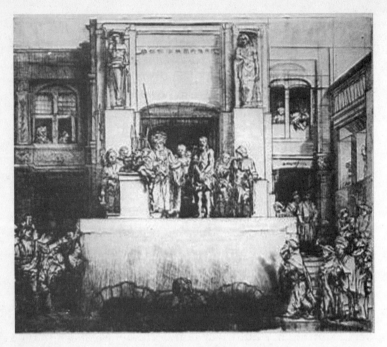

Cristo presentado al pueblo, obra de Rembrandt.

doloroso que sea el martirio, pero esto ni siquiera será por orgullo, sino porque de antemano supo cuan cruel sería el precio por salvar a la raza humana de ella misma, por lo tanto, si antes no se quejó de los latigazos y desprecios sufridos, menos lo hará con los tormentos más dolorosos e indignos que puede soportar alguien considerado como ser humano.

El populacho, desde que se entera de la aprehensión de Jesús corre la voz a una velocidad poco usual en esa época y para cuando Pilatos decide dejar la suerte del acusado en manos del sanedrín y la comunidad judía, ya la gente ha formado una larga columna humana desde el castillo del procónsul romano hasta la cima del monte Gólgota, ("el lugar del cráneo"). Temible sitio que durante muchos siglos ha servido a los sacrificios más terribles de justos y

Cristo en la columna,
obra de Bramante.

pecadores. Históricamente, el Gólgota no tiene árboles, ya que no pueden crecer donde la muerte se ha asentado y ha hecho del lugar su "casa de descanso".

Ahí, el judío Alejandro Janeo ha asistido con toda su corte y harem a la ejecución de varios centenares de prisioneros; también Varus ha hecho crucificar a dos mil rebeldes y ahora, será el lugar donde el Hijo del Hombre deberá morir y pasar a ser, por fin, el Hijo de Dios. Pero antes, debe sufrir temible suplicio, ese invento de la crucifixión de los fenicios y que es una adaptación temible de la grey jurídica y militar de los romanos.

181

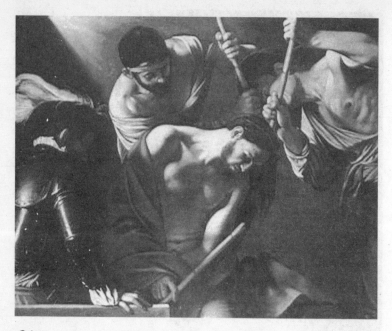

Cristo coronado de espinas, obra de Caravaggio.

De los discípulos, nada se sabe, los soldados romanos, sin miramiento alguno, golpean con lanzas y escudos a un grupo de mujeres de Galilea que han seguido a Jesús en todo su recorrido predicando la palabra de Dios, ellas comprenden que su dolor no es nada comparado con lo que está viviendo el nazareno, el galileo que defendió a pobres y débiles y enfrentó a ricos y poderosos, pero este es uno de los momentos supremos de Jesús, ya que para consolidar su obra es preciso que su vida como humano termine en la cruz, en medio de terribles sufrimientos físicos y pasando por un momento de debilidad y hasta de inconformidad; con su inocencia, dolor y sangre redimirá a la raza humana, descenderá hasta el mismo infierno para dar aliento a las almas en pena y vencerá a la mismísima muerte, si es que se puede hablar de vencer, pues la muerte no es enemiga de Dios y su hijo, sino su aliada y cómplice.

Cristo sosteniendo la cruz, obra del Greco.

16

Agonía, muerte y resurrección

En su recorrido por las pedregosas calles rumbo al Gólgota, Jesús rehusa beber el tónico adormecedor que las amorosas mujeres de Jerusalén le ofrecen, su sufrimiento debe ser plenamente consciente, ya ha soportado latigazos, insultos, desprecios, pero también se ha reconfortado por el amor de muchas personas que saben que él es inocente, que lo único que han recibido es amor, comprensión, palabras de aliento y la esperanza de compartir el reino de Dios después de dejar el mundo terrestre.

De entre las damas que asisten a esta injusta ejecución, varias de ellas, en cada ocasión que pueden, limpian el rostro de Jesús y él las mira, con infinita ternura, ya que incluso algunas de ellas reciben varios latigazos destinados al condenado, así es el recorrido hasta que llegan a la cima del monte, ahí Jesús es despojado de su ropa y colocado en la cruz para ser crucificado en verdad. Con martillazos que retumban en muchos metros a la redonda, él es clavado de las muñecas de las manos y en el empeine de los pies y Jesús sigue sin soltar un grito de dolor, ninguna lamentación y mucho menos una maldición hacia quienes lo condenan y castigan tan injusta y cruelmente.

La gente que asiste a esta ejecución casi no habla, los soldados romanos, por una extraña razón, tampoco hacen comentarios sarcásticos e irónicos de los condenados (Je-

Cristo en la cruz, obra de Velásquez.

sús, Dimas y Gestas), cuando Jesús es alzado en la cruz, el grito de las mujeres galileas es sobrecogedor, ellas también sufren junto con él este tormento injusto; sin embargo, Jesús los ve a todos desde lo alto de su suplicio y con infinita comprensión lanza un lamento hacia su Padre, Dios, para que no los condene a la oscuridad eterna, por lo que todos lo escuchan decir: *¡Padre mío, perdónalos... ellos no saben lo que hacen!*

Ya izada la cruz, entonces sí, los sacerdotes del sanedrín continúan sus insultos e ironías contra el *Rey de los Judíos* y con gritos y risas le gritan: "¡Dicen que ha salvado a otros y ahora véanlo, no puede salvarse a sí mismo!" Esos improperios permiten ver a Jesús, dentro de su gran dolor y sufrimiento físico, que esos sacerdotes heredarán a sus sucesores toda esa perversidad y ceguera, creen que son más dioses que el verdadero Dios, asesinarán en su nombre, que la cruz se convertirá en un símbolo más de maldad que de amor y lamenta que la luz a la que él habrá de llegar en unas cuantas horas, contraste con la oscuridad en la que

186

Crucifixión con Magdalena, obra de Botticelli.

caerá el mundo cuando él muera, entonces y en un sentimiento más de angustia que de reproche, clama al cielo: *¡Padre Mío!, ¿por qué me has abandonado?*

Ese instante de angustia se debe a que la muerte amiga ya está ante su presencia, lista para, en un abrazo, darle descanso a su lacerado y sufrido cuerpo y abrir la luz eterna de dicha, paz, amor y felicidad que le aguarda al llegar hasta donde su Padre, Dios y a partir de ese momento, estar sentado a la derecha de su progenitor espiritual.

No es la primera vez que la muerte amiga está del lado de Jesús, la misma parca tiene memoria de cuando el Mesías solicita permiso a su Padre, Dios, para acudir hasta la tumba de su amigo Lázaro. El principio de este capítulo importante en la vida humana de Jesús, ocurre cuando él está cerca de Betania. Lázaro tiene cuatro días de muerto y ese domingo es colocado en el sepulcro familiar y cubren la entrada a la tumba con una enorme piedra de varias toneladas de peso.

Muchos amigos de las aldeas vecinas y otros de Jerusalén consuelan a las afligidas hermanas del difunto. Cuando Marta ve por fin a Jesús, lo abraza y sin tono de reproche lamenta.

—*Maestro, ¡si hubieras estado aquí, mi hermano no hubiera muerto!*

Jesús la mira extrañado por la poca fe de la mujer y dice.

—*Marta, si tienes fe, tu hermano resucitará.*

La mujer contesta.

—*Sé que resucitará en la resurrección del último día.*

Entonces, Jesús mira a Marta fijamente a los ojos y le explica.

—*Yo soy la resurrección y la vida; el que cree en mí, aunque muera, vivirá. En verdad te digo que cualquiera que vive y cree en mí no morirá nunca realmente. Tú Marta, ¿crees en esto?*

Y Marta responde.

—*Sí, creo desde hace mucho tiempo que tú eres el Libertador, el Hijo del Dios vivo, aquel que debía venir a este mundo.*

Después, Jesús pregunta: *"¿Dónde lo han puesto?"* Entonces Marta lo guía hasta el sepulcro, una pequeña cueva natural de diez metros de altura, al situarse frente la entrada, Jesús ordena.

—*¡Quiten la piedra!*

A lo que Marta dice con temor y duda.

La resurrección de Lázaro, obra de Rembrandt.

—¿Tenemos que hacerlo? Mi hermano ya lleva muerto cuatro días y la descomposición del cuerpo ya empezó.

Como dudan en quitar la piedra, Jesús repite la orden.

—¿No he dicho desde el principio que esta enfermedad no le llevará a la muerte? ¿No he venido para cumplir mi promesa? Y después de estar frente a ustedes, ¿no he dicho que si tan sólo creen verán la gloria de Dios? ¿Por qué dudan ahora? ¿Cuánto tiempo necesitarán para creer y obedecer? ¡Quiten la piedra!

Al retirar la pesada piedra, un grupo de personas pueden ver vagamente la figura de Lázaro envuelta en vendajes de lino. Jesús levanta los ojos y clama al cielo: "Padre Mío, te doy las gracias por haber escuchado y concedido mi petición. Sé que me escuchas siempre, pero te hablo así a causa de aquellos que están aquí conmigo, para que al fin crean que me has enviado al mundo y para que sepan que actúas conmigo en esto que estamos a punto de realizar".

Cuando termina de orar, exige en voz alta: "¡Lázaro, levántate y camina hacia mí!" Todos los presentes permanecen inmóviles y en silencio, pasan algunos segundos y la figura de Lázaro empieza a moverse, se levanta y camina lentamente hacia la salida del sepulcro. Su cuerpo aún está envuelto en las mortajas y su rostro cubierto con un paño. Varios apóstoles corren hacia el resucitado y retiran las mortajas que cubren su rostro.

Cuando Lázaro sale de su letargo se acerca a Jesús y junto con sus hermanas, se arrodillan a los pies del Maestro para dar gracias y alabar a Dios. Jesús los toma de las manos y los levanta diciendo al revivido: "Hijo mío, lo que te ha sucedido será experimentado también por todos los que creen en este evangelio y lo más hermoso es que serán resucitados en forma más gloriosa. Serás un testigo viviente de la verdad que he proclamado: ¡Yo soy la resurrección y la vida!"

Así, con estos recuerdos de los poderes de Dios, de la amistad y amor de la muerte, antes de fallecer se sublima dentro de su enorme sufrimiento y exclama, ya no para el mundo sino para el cielo: ¡Padre Mío, está consumado, en tus

Resurrección de Lázaro, obra de Rembrandt.

manos encomiendo mi espíritu!, en ese momento, se abre el cielo y un brillantísimo y hermoso rayo de luz ilumina la cruz de Jesús. Al mismo tiempo, todo lo que está alrededor oscurece, la duda se apodera de sus acusadores y ejecutores de su muerte, esa luz los ha iluminado tan sólo en la parte más humana que tienen, pero su maldad se impone por sobre todo lo demás y tan sólo les queda una duda: "¿Realmente era Dios?"

Ese viernes funesto y el sábado siguiente es de incertidumbre, el rey ha muerto, el Mesías ha desaparecido físicamente y ninguno de sus discípulos sabe a bien qué hacer, cómo iniciar la predicación de la palabra de Dios, si todos saben que él ha muerto, solamente tienen la esperanza de que, como el Maestro les dijo en varias ocasiones, resucitará al tercer día, por lo que hacen guardias cerca del sepulcro de Jesús, con la creencia de que él saldrá resplandeciente y nuevamente les indicará el camino, ellos ignoran que el sendero ya ha sido marcado y es necesario emprender el peregrinaje para dar la buena nueva.

En la mañana del domingo, en cuanto la luz del sol empieza a asomar en el horizonte, María Magdalena inicia el

El descendimiento de la cruz, obra de Rembrandt.

recorrido del refugio al sepulcro y cual es su sorpresa al encontrarlo vacío, no hay Mesías, ni cuerpo ni signo de violencia que indique que ha sido secuestrado, pero su sorpresa es aún más grande cuando ve una luz resplandeciente, casi cegadora se aproxima hacia ella, al acostumbrarse sus ojos a la intensa luz descubre la figura amada y querida de Jesús, sus dudas terminan cuando escucha su nombre de labios del Hijo de Dios: "¡María!"

Ella, entusiasmada y alegre en grado máximo, se postra a los pies de Jesús y trata de tocarlo, pero él le dice que no lo haga, que está en estado de purificación entre la muerte y la vida eterna y debe pasar por esa etapa, por lo tanto, no debe ser tocado por ningún mortal y como María Magdalena está eufórica de alegría, no sólo no entiende sino que ni siquiera escucha las palabras del Maestro, por lo que opta por desaparecer de los ojos de la atónita mujer, a quien lo único que le queda es sumirse en un extraño y hermoso aroma que queda en el lugar donde estaba la figura del Mesías.

Y como justicia hacia las mujeres que estuvieron con el Maestro antes, durante y después de la muerte de Jesús,

Magdalena, obra de Gentile de Fabriano.

también lo ven ir hacia ellas y advirtiendo que no podrán evitar tocarlo, las detiene y les solicita que vayan con sus hermanos hasta Galilea y allá se encontrarán todos. Esa noche, como lo prometiera el Maestro, llega cuando están reunidos los restantes once apóstoles, se sienta en medio de ellos y les reclama amorosamente la incredulidad en sus palabras de que resucitaría; después les recuerda su misión a partir de ese momento: "Vayan por todo el mundo y prediquen el evangelio a toda criatura que encuentren".

Poco a poco, la figura etérea de Jesús desaparece y cuando los apóstoles quieren hablar con el Maestro, ya no está, sienten como si hubieran despertado de un letargo de unos minutos, afortunadamente para ellos, todavía siguen escuchando en sus oídos el eco de las últimas palabras del Mesías y jamás las olvidarán en lo que resta de sus vidas.

Se tiene conocimiento de que Jesús tiene otras dos apariciones, una, cuando se presenta ante medio millar de personas en una montaña, en una de sus acciones predilectas, ya que puede dirigirse a una multitud con lo que sus palabras y mensajes tendrán mayor difusión, ya que el mejor medio de comunicación de esa época, es la divulgación de boca en boca. Dos, cuando están reunidos los once apóstoles antes de iniciar su labor de evangelización llevando como escudo la palabra del Hijo de Dios hecho Hombre.

Para muchos, la muerte física de Jesús es como el fin del mundo y de todo cuanto hay en él, pero esto no es así, ya que significa el fin de la evolución cósmica terrenal de la humanidad y su entrada definitiva a un estado espiritual del cual no hay regreso, es decir, el triunfo del Espíritu sobre la materia. *Entonces, el signo* (el Cordero y la Cruz que son Amor y Vida) *del Hijo del Hombre* (la humanidad representada por sus seres más perfectos) *aparecerá en el cielo. Él vendrá sobre la nube* (los misterios develados), *enviará sus*

Cristo en la gloria, obra de Annibale Carracci.

ángeles (espíritus glorificados salidos de la misma humanidad) *con un gran sonido de trompeta* (el verbo vidente del Espíritu, quien enseña las almas tal como son, eliminando las apariencias engañosas de lo físico) *y reunirá a sus elegidos de los cuatro vientos.* Todo esto se resume a una cuantas palabras llenas de porvenir y eternidad: *El cielo y la Tierra pasarán, pero mis palabras, no.*

17

Palabras de Jesús para reflexionar, cambiar y actuar

Si bien, la vida terrestre de Jesús es enorme en enseñanzas para la humanidad en general y para hombres y mujeres en particular, independientemente de la religión que cada quien profese o si se carece de ella, es necesario tener presentes las palabras del Maestro esenio por iniciación, terrestre por convicción y universal por origen, ya que cada una de ellas encierra más de lo que a simple golpe de lectura o de escucha se cree, pero esos mensajes son para que cada quien los medite, para que, después de reflexionar, cambiar la forma de vivir para actuar de acuerdo con la ley divina de "Haz el bien sin mirar a quien".

✧ *Este es mi mensaje: El Padre Universal es Padre de todos los humanos, consecuentemente, los hombres son hermanos todos.*

✧ *No confundas la religión del Cristo con la adormidera de falsos dioses. Toda religión que narcotiza al pueblo, es religión humana, no divina. La auténtica religión, la que libera a los hombres de las presiones sacerdotales o de las castas, hallando su manifestación más pura en lo más sagrado del propio humano: ¡su corazón! (San Juan).*

✧ *Cada hombre tiene su propia existencia. Cada cual debe vivirla según su momento y circunstancias.*

❖ Hago la voluntad del Padre, ese es mi alimento.

❖ Si el Padre vela por las aves del cielo, ¿cómo no va a hacerlo por ustedes, sus hijos?

❖ Aquel que hace la voluntad del Padre Celestial: ese, es mi hermano.

❖ Aquel que ha visto mal Hijo, ha visto mal al Padre.

❖ Sígueme en mi confianza en Dios. Sígueme en mi total entrega a su divina voluntad.

❖ A menos que se hagan como niños, no entrarán en el reino de los cielos.

❖ No ves el aire y sin embargo, nadie duda de su existencia. Tú, Juan, no alcanzas a descubrir las entrañas del sol que te alumbra y no obstante, confías en su luz. ¿Por qué entonces, no crees en el Dios invisible que te asiste y habita?

❖ En el estandarte del Hijo Eterno y Original está escrita una palabra: "Misericordia". En la bandera del Padre ondea una palabra: "Amor".

❖ Todo está escrito en los designios de la Deidad: Todo se cumplirá en su momento. La bestia se alzará hacia el hombre y el hombre hacia la Luz.

❖ En verdad les digo que si su justicia no es mayor que la de escribas y fariseos, no entrarán en el reino de los cielos.

❖ La llegada del reino de los cielos no está sujeta a cálculo ni podrán decir: Míralo aquí o allá, mejor, miren dentro de ustedes, allí está el reino de los cielos.

❖ Yo los bautizo con agua para que se arrepientan, pero el que viene detrás de mí es más fuerte que yo y no merezco ni tan siquiera quitarle sus sandalias. En su mano tiene el rastrillo y va a limpiar su era; recogerá su trigo en el granero, pero la paja la quemará con el fuego eterno (Juan el Bautista).

❖ Está escrito que no sólo de pan vive el hombre, sino de toda palabra que sale de la boca de Dios.

✣ Bienaventurados los que lloran, porque ellos serán consolados.

✣ Bienaventurados los bondadosos, porque ellos heredarán la tierra.

✣ Bienaventurados los misericordiosos, porque ellos alcanzarán misericordia.

✣ Bienaventurados los que tienen hambre y sed de justicia, porque ellos serán saciados.

✣ Bienaventurados los limpios de corazón, porque ellos verán a Dios.

✣ Bienaventurados los que son difamados, perseguidos y sean insultados con mentiras de toda clase de mal por mi causa. Alégrense y regocíjense porque suya será la recompensa más grande en el cielo, que igualmente han sido perseguidos los profetas antes que ustedes.

✣ Bienaventurados los perseguidos por causa de justicia, porque de ellos es el reino de los cielos.

✣ Ustedes (los humanos) son la sal de la tierra. Ustedes son la luz del mundo.

✣ Cuando oren, no lo hagan con palabrería, como los paganos, quienes se imaginan que por hablar mucho les harán más caso. No sean como ellos, que el Padre sabe lo que les hace falta antes de que se lo pidan.

✣ No acumules tesoros en la Tierra, donde hay polilla y herrumbre que corroen y ladrones que debilitan y roban. Mejor acumula tesoros en el cielo, donde no hay polilla ni herrumbre que corroan, ni ladrones que debiliten y roben, Porque donde está tu tesoro, ahí mismo está también tu corazón.

✣ La lámpara del cuerpo es el ojo. Si tu ojo está sano, todo el cuerpo estará luminoso, pero si tu ojo está enfermo, todo el cuerpo estará a oscuras. Y si la luz que hay en ti es oscuridad, ¡qué oscuridad habrá!

❖ No te agobies la vida pensando en qué vas a comer o beber, ni por el cuerpo pensando con qué te vas a vestir. ¿No vale más la vida que el alimento y el cuerpo más que el vestido? Mira a los pájaros, ni siembran, siegan ni almacenan, sin embargo, el Padre Celestial los alimenta. ¿No vales más tú que ellos? ¿Quién, a fuerza de agobiarse puede añadir una hora de tiempo a su vida? ¿Por qué te agobias por el vestido? Date cuenta de cómo crecen los lirios del campo y no trabajan ni hilan. En verdad te digo que ni Salomón, con toda su fastuosidad, estaba vestido como cualquiera de ellos. Pues si la hierba que está en el campo, mañana es quemada en el horno, la viste Dios así, ¿qué no hará él mucho más por ti, hombre de poca fe? Dios Padre sabe que tienes necesidad de todo esto. Busca primero que reine su justicia y todo lo demás se te dará por añadidura. Por lo tanto, no te agobies por el mañana, porque el mañana traerá su propio agobio. A cada día le bastan sus disgustos.

❖ No des lo sagrado a los perros ni les eches tus perlas a los cerdos, no sea que las pisoteen y además se vuelvan contra ti y te destrocen.

❖ Entra por la puerta angosta, porque ancha es la puerta y amplia la calle que llevan a la perdición y muchos entran por ella. ¡Qué angosta la puerta y que estrecho el callejón que llevan a la vida! Y pocos dan con ellos.

❖ Sígueme y deja que los muertos entierren a sus muertos.

❖ Las personas que están sanas no necesitan médicos. Mejor, aprende lo que significa "corazón quiero y no sacrificios", porque no he venido a invitar a los justos, sino a los pecadores.

❖ (Jesús a sus discípulos): Tomen en cuenta que los mando como ovejas entre lobos, por lo tanto, sean cautos como serpientes e ingenuos como palomas.

❖ Aquellos que quieren a su padre o madre más que a mí, no son dignos de mí; los que quieren a su hijo o hija más que a mí, no son dignos de mí; el que no cargue su cruz y me siga, no es digno de mí.

✧ Acérquense a mí todos los que están rendidos y abrumados, que yo les daré respiro. Carguen con mi yugo y aprendan de mí, que soy sencillo y humilde; encontrarán su respiro, pues mi yugo es llevadero y mi carga ligera.

✧ Al que produce se le dará hasta que le sobre, al que no produce se le quitará hasta lo que tiene. Por esta razón hablo con parábolas, porque miran sin ver y escuchan sin oír ni entender.

✧ Por mucho que oigas no entenderás, por mucho que mires no verás, porque está embotada la mente de este pueblo (Israel).

✧ El reino de los cielos se parece al grano de mostaza que un hombre sembró en su campo y siendo la más pequeña de las semillas, cuando crece sobresale de entre las hortalizas y se hace un árbol, hasta el punto que vienen los pájaros a anidar en ella.

✧ El reino de los cielos se parece a un tesoro escondido en el campo, si un hombre lo encuentra, lo vuelve a esconder y de alegría vende todo lo que tiene y compra el campo aquel.

✧ El reino de los cielos se parece a un comerciante que busca perlas finas; al encontrar una de gran valor, vende todo lo que tiene y la compra.

✧ El reino de los cielos se parece a la red que echan los pescadores al mar y recogen toda clase de peces; cuando está llena, la arrastran a la orilla, se sientan, reúnen los cestos buenos y tiran los malos.

✧ De este modo, todo letrado entiende que el reino de los cielos se parece a unos padres de familia, quienes sacan de su arcón cosas nuevas y antiguas.

✧ El plantío que no es plantado por mi Padre del cielo, es arrancado de raíz. Déjenlo, es un ciego y guía de ciegos y si un ciego guía a otro, ambos caerán en el hoyo.

✧ (El buen samaritano) Un hombre baja de Jerusalén a Jericó y es asaltado por bandidos, lo desnudan, muelen a palos y se van dejándolo medio muerto. Coincide que baja un sacerdote por el camino, lo ve y prefiere rodearlo y pasar de largo. Lo mismo hace un clérigo que llega a aquel lugar. Pero un samaritano que va de viaje, llega hasta donde está el hombre y al verlo, se acerca a él y venda sus heridas, untándole aceite y vino; luego lo monta en su caballo, lo lleva a una posada y le dice al posadero: "Cuida de él y lo que gastes de más, yo te lo pagaré cuando regrese".

❖ Si una mujer tiene diez monedas y pierde una, ¿no enciende un candil, barre la casa y busca con cuidado hasta encontrarla? y cuando la halla, reúne a las vecinas para decirles: "¡Denme la enhorabuena! He encontrado la moneda que había perdido". Por esto, les digo que los ángeles de Dios sienten la misma alegría por un solo pecador que despierta.

❖ Aseguro que se acerca la hora, mejor dicho, ya ha llegado, en que los muertos escucharán la voz del hijo de Dios y al escucharla tendrán vida.

❖ Quien tenga sed que se acerque a mí; quien crea en mí, que beba. Como dice la escritura: "De su entraña manarán ríos de agua viva".

❖ Yo soy la luz del mundo, quien me siga no andará en tinieblas, tendrá la luz de la vida.

❖ Ustedes (los humanos) pertenecen a los de aquí abajo, yo pertenezco a lo de arriba; ustedes pertenecen a este orden y yo al otro. Por eso les digo que se llevarán a la muerte sus pecados si creen que no soy el que soy. Quien haga caso de mi mensaje nunca sabrá lo que es morir. Por eso les aseguro que desde antes que naciera Abraham, yo soy el que soy.

❖ Mi Padre me ama porque yo me desprendo de mi vida para recobrarla de nuevo. Nadie me la quita, yo la doy voluntariamente. Está en mi mano desprenderme de ella y recobrarla.

❖ En verdad les digo que si el grano de trigo cae en tierra y no muere, queda infecundo, en cambio, si muere, da fruto abundante. Quien tiene apego a la propia existencia, la pierde, quien *desprecia la propia existencia en el mundo, éste la conserva para una vida sin final.*

✧ *Cuando alguien cree en mí no es en mí en quien cree, sino en el que me ha enviado y cuando ese alguien me ve, también ve al que me ha enviado. He venido al mundo como luz, para que ninguno que cree en mí quede en la oscuridad.*

✧ *Ni un sólo pajarillo cae en la red sin que mi Padre lo quiera.*

✧ *Hasta cada cabello de sus cabezas están contados y ni uno solo se perderá sin la voluntad de mi Padre.*

✧ *Al final, todo se salva, porque lo que para el humano es imposible, para Dios es posible.*

✧ *Aquel que a través de la fe es virtuoso, vivirá.*

✧ *En verdad les digo que si tienen fe; como un grano de semilla de mostaza, le podremos decir a la montaña, muévete y se moverá; nada nos será imposible.*

✧ *Cada uno debe hacer lo que tenga en mente, sin renuencia u obligación; ya que Dios ama al que da con alegría. Y así, Dios pueda proporcionar bendiciones en abundancia, para que siempre podamos tener bastante de todo y proveernos en abundancia por cada buena obra. Ya que está escrito: "Él derrama para todos, da a los pobres; su rectitud perdura por siempre".*

✧ *Cualquier acción que desees que los demás hagan por ti, así hazlo por ellos; para esto es la ley y los profetas. No deberle nada a los demás, excepto el amarse entre sí; porque quien ama a su prójimo ha cumplido la ley... "Amarás a tu prójimo como a ti mismo". El amor no le hace ningún mal al prójimo, por lo tanto, el amor es él cumpliendo la ley.*

✧ *Si cualquiera dice: "Yo amo a Dios" y odia a su hermano, es un mentiroso, porque quien no ama a su hermano, al que no puede ver, no puede amar a Dios, al que no ha visto. Y este mandamiento, él nos lo dio: El que ama a Dios debe amar también a su hermano. Que el amor fraternal nos permita continuar. No dejemos de mostrarles hospitalidad a los extraños, porque de este modo algunos tendremos hospedados ángeles sin saberlo.*

✧ *Todos pueden permitirse la amargura, ira y enojo, el clamor y la calumnia serán reservadas para ustedes, con toda malicia... pero si son amables y bondadosos entre sí, se perdonarán unos a los otros.*

✧ *Este es mi mandamiento, que se amen entre sí como yo los amo. No tiene el humano amor más grande que éste, que otro humano dé la vida por sus amigos.*

✧ *¡He aquí!, no llamamos felices a quienes permanecen firmes. Habrás escuchado hablar de la paciencia de Job y habrás visto el propósito del Señor, como el Señor es comprensivo y misericordioso.*

✧ *Debes estar satisfecho con lo que tienes, porque él ha dicho: "Nada te faltará, ni te abandonaré".*

✧ *No dejemos al amor en palabras y discursos, sino en actos y en la verdad. Por eso podremos saber que estamos en la verdad.*

✧ *Quien es el más grande entre ustedes, será su sirviente, quienquiera que se ensalce se humillará y quien quiera que sea humilde se ensalzará. Dios se opone al orgulloso pero da gracias al humilde. Sométanse ustedes y como consecuencia a Dios... Sean humildes ustedes y ante el Señor y él los ensalzará.*

✧ *Cuando hayas hecho todo lo que se te ha ordenado, di: "Soy un sirviente indigno; he hecho lo que es mi deber".*

✧ *No trabajes para la comida que perece, sino para la que perdura a la vida eterna.*

✧ *¿Quién es sabio y entiende? Por su vida buena permítasele mostrar sus acciones en la sumisión del juicio. Porque él dará a cada hombre según sus acciones.*

✧ *Porque él le dará a cada hombre según sus acciones, a aquellos que por paciencia en hacer el bien buscan la gloria, el honor y la inmortalidad, él les dará la vida eterna.*

- No juzgues, para que no seas juzgado. Porque en el día del juicio, por lo que declares, se te juzgará y en la medida que hayas dado, será la medida que conseguirás.

- Si perdonas a los demás humanos sus pecados, tu Padre Celestial también te perdonará, pero si no lo haces, ni siquiera tu padre perdonará tus pecados.

- No apostemos nuestros tesoros en la tierra, donde polillas y óxido los consumen y donde los ladrones entran con violencia y roban, mejor apostemos nuestros tesoros al cielo, donde las polillas ni óxido los consumen y los ladrones no fuerzan la entrada y roban. Por donde tus tesoros estén, allí pon tu corazón también. En cuanto al rico en este mundo, cobrémosle, no para poner su esperanza en riqueza incierta, sino en Dios, que nos amuebla ricamente con todo para que disfrutemos. Hagamos el bien, seamos ricos en buenas acciones, liberales y generosos; ya que así dispondremos para ellos de una buena base para el futuro, para que ellos puedan tomar de la vida lo que es la vida en verdad.

- Quien siembra lo que es bueno, debe cosechar lo que es bueno, el que siembra lo que es malo encuentra que su cosecha se vuelve contra él. El que enseña la sabiduría encontrará que la sabiduría trae honor. (Manuscrito de los Rollos del Mar Muerto).

- Quién esté libre de pecado, que lance la primera piedra.

- Pidan y se les dará, busquen y encontrarán, llamen y les abrirán, porque todo el que pide recibe, el que busca encuentra y al que llaman le abren.

- Bienaventurado el espíritu de los pobres, los humildes, porque de ellos son los tesoros del reino de los cielos.

- Bienaventurados los que tienen hambre y sed de rectitud, porque ellos serán saciados.

- Bienaventurados los mansos, porque ellos heredarán la tierra.

- Bienaventurados los limpios de corazón, porque ellos verán a Dios.

- ✧ Bienaventurados los afligidos, porque ellos serán consolados.
- ✧ Bienaventurados los que lloran, porque ellos recibirán el espíritu de la alegría.
- ✧ Bienaventurados los misericordiosos, porque ellos alcanzarán misericordia.
- ✧ Bienaventurados los pacificadores, porque ellos serán llamados hijos de Dios.
- ✧ Bienaventurados los perseguidos a causa de su rectitud, porque de ellos es el reino de los cielos.
- ✧ Paz en la tierra y buena voluntad entre todos los hombres.

Cristo dejó en estas palabras algunas normas que nos ayudarán a llevar una vida más feliz, plena y en completa comunión con Dios.

Textos de consulta

Addlestone, Carole. *Muchos Caminos Una Verdad*. Grupo Editorial Tomo, S. A. de C. V. México, 1999.

Benítez, J. J. *El Testamento de San Juan*. Grupo Editorial Planeta, S. A. de C. V. México, Mayo de 1988.

Calle, Ramiro A. *La Enseñanza Oculta de Jesús*. Grupo Editorial Tomo, S. A. de C. V. México, 1999.

Diccionario Enciclopédico Vox Lexis 22. Editado por Círculo de Lectores, S. A. Barcelona, España, 1976.

El Libro de Urantia. http://www.urantia.org

Masson, Hervé. *Manual-Diccionario de Esoterismo*. La Otra Ciencia. Ediciones Roca, S. A. México, 1975.

Sagrada Biblia. Editorial Herder, S. A. Décima octava edición. España, 1982.

Schure, Eduardo. *Los Grandes Iniciados*. Grupo Editorial Tomo, S. A. de C. V. México, 1999.

TÍTULOS DE ESTA COLECCIÓN

Abraham Lincoln

Adolfo Hitler

Albert Einstein

Alejandro Graham Bell

Alejandro Magno

Beethoven

Benito Mussolini

Buda

Carlota

César Borgia

Charles Chaplin

Cleopatra

Conde Cagliostro

Confucio

Cristóbal Colón

Dante Alighieri

Diana de Gales

Ernest Hemingway

Ernesto Che Guevara

Eva Perón

Federico Nietzsche

Franz Kafka

Gandhi

Gengis Kan

Harry Houdini

Hermann Hesse

Hernán Cortés

Jesús

John F. Kennedy

Joseph Fouché

Juan XXIII

Juana la Loca

Julio César

Karl Marx

Leonardo Da Vinci

Lucrecia Borgia

Mahoma

Marco Polo

María Antonieta

María Tudor

Marilyn Monroe

Marqués de Sade

Miguel Ángel

Mozart

Napoleón

Nicolás Maquiavelo

Oscar Wilde

Pitágoras

Rasputín

René Descartes

Ricardo Corazón de León

San Francisco de Asís

Sigmund Freud

Vincent Van Gogh

Vlad Tepes

William Shakespeare

Impreso en los talleres de
Trabajos Manuales Escolares,
Oriente 142 No. 216
Col. Moctezuma 2a. Secc.
Tels. 5 784.18.11 y 5 784.11.44
México, D.F.